Twitter para abogados

Una herramienta para Social Selling

Esmeralda Díaz–Aroca y Roberto Espinosa.

Primera edición 2015

Publicado por Esmeralda Díaz-Aroca y Roberto Espinosa

Todos los derechos reservados: Esmeralda Díaz-Aroca y Roberto Espinosa
ISBN: 978-84-606-5674-6
Registro de la propiedad intelectual M-7863-14
Asiento registral: 16/2014/8410

Diseño cubiertas: Carlos Santamaría

Composición y consultoría para su comercialización de manera independiente: Alejandro Capparelli

A todos aquellos profesionales de la abogacía que en tiempos de cambio están abiertos al aprendizaje.

1. Agradecimientos

Hemos sido muy afortunados al contar con personas y profesionales que confiaron y apoyaron este proyecto desde el primer momento.

A **Juan Cayón Peña**, abogado y Rector de la Universidad Antonio de Nebrija, por haber visto en este libro una herramienta indispensable de comunicación y relación para los despachos de abogados así como abogados independientes.

A **Carlos Carnicer**, Presidente de la Abogacía Española, por todo su apoyo y confianza. Es para nosotros todo un honor contar con su prólogo en este libro.

A **Luisja Sánchez**, periodista jurídico y responsable de contenidos del portal jurídico lawyerpress.com, por su inestimable ayuda y colaboración en este libro.

A **Arturo Salvat Martinrey** por su tiempo y por ofrecer su punto de vista como abogado en la red.

A los abogados "Twiteros" que nos han ayudado con sus opiniones y sugerencias:

Guillermo Pérez Alonso: @gperezalonso, **Diez&Romeo Abogados**: @DiezRomeo, **David Bravo**: @dbravo, **María**

Elisa Taboada González: @marieltaboada, **Asunción Peix**: @ApApeix, **Carmen Pérez Andújar**: @CPEREZANDUJAR, **Laura Molla**: @LauraMollaGMR, **Luis Abeledo**: @luisabeledo, **Carmen Varela** @CarmenVarelaAlv, **Jesus P. López Pelaz**: @jlpelaz, **Andreu Van den Eynden**: @eyndePenal, **Carles Ferrer**: @Carles_Ferrer, **Juan Pablo Busto**: @Bustoabogados, **Fabián Valero**: @FabianValeroABG, **Víctor Almonacid Lamelas**: @nuevadmon.

A **Belén Garrido**, por su colaboración y ayuda en la edición de las imágenes de este libro.

A **Carlos Santamaría**, por su trabajo creativo y de diseño gráfico en la portada de este libro.

A **Alejandro Capparelli**, experto en marketing editorial y autor de www.edicionlibroindie.com, por su trabajo de preparación de este libro para su publicación online y asesoramiento para su comercialización como autores independientes. ¡Gracias por abrirnos los ojos, Alejandro!

A **Jesús Manuel González Fuentes**, fundador de Blogsterapp, por facilitarnos una promoción exclusiva para los lectores del libro.

Índice

2. Prólogo de D. Carlos Carnicer

Presidente del Consejo General de la Abogacía Española.

No siendo nativo digital, preparar el prólogo para este libro repleto de pautas y contenido técnico-didáctico es para mí todo un reto.

He podido vivir en primera persona otras transformaciones como la que ahora denominamos "revolución digital". Hubo un tiempo en que los abogados tuvimos que enfocar nuestros recursos y esfuerzos hacia un proceso de especialización, otro para incorporarnos al uso de lo que, por aquel entonces, considerábamos nuevas tecnologías, y ya hace tiempo que las redes sociales han abierto un abanico de posibilidades a todos los sectores que, gestionadas con eficacia, interacción y seguridad en la configuración y control de las cuentas, aplicaciones y los datos compartidos, están suponiendo un entorno en el que acercar nuestra profesión a la ciudadanía; proporcionando información y respuesta a dudas legales con las que comercializar y visualizar servicios jurídicos; generando y consolidando así, también en el entorno digital, la confianza que tanto define la relación abogado-cliente.

Observo además que la presencia de los abogados en redes sociales está contribuyendo muy positivamente a reforzarnos como marca, proporcionando una imagen cercana, dinámica, presencial, colaboradora y preventiva de nuestra profesión; a la vez que están suponiendo una eficaz herramienta para acceder a información sectorial relevante, así como para la generación de oportunidades, relaciones y sinergias.

Cada red social puede servir de soporte a nuestro contenido de forma diversa, porque su técnica, público objetivo y lenguaje son también diversos. Desde mi punto de vista, no es tan importante estar en todas, como trabajar con eficacia aquellas en las que decidamos previamente cómo vamos a mantener una presencia activa con periodicidad.

Las últimas cifras que leí sobre el uso de twitter a nivel mundial indicaban que en abril de 2014 contaba con 255 millones de usuarios activos mensuales, generando una media de 9100 Tweets al segundo. Para cuentas profesionales, twitter nos permite estar actualizados; contrastar información; conectar con otras personas de nuestro sector así como con clientes reales o potenciales; ofrecer respuestas y compartir contenido de valor sobre nuestra concreta oferta de servicios diferenciándonos por especialización y ello, mediante mensajes restringidos a 140 caracteres que, además, si son compartidos con un RT, pueden adquirir un alcance exponencial muy elevado; ya que - salvo en las cuentas configuradas con acceso restringido- no elegimos o aceptamos quién nos sigue o pueda leer.

"Twitter para abogados" desarrolla al detalle el funcionamiento de esta red social; recomendaciones de configuración de la cuenta y biografía para cuentas profesionales; terminología, abreviaturas y tradiciones específicas; prácticas no recomendadas; herramientas de análisis y métricas que nos permitan conocer la evolución de la gestión de la red y pautas para optimizar su uso como herramienta de marketing, atención al cliente y recursos humanos, que suponen una completísima información de interés.

Interiorizados todos estos conceptos, me atrevo a aportar que el valor diferencial de la puesta en práctica del contenido de las pautas contenidas en el libro vendrá marcado por la personal gestión que cada abogado realice de su cuenta y contenido, razón por la que resulta de vital importancia mantener en constante revisión y adaptación la estrategia particular de comunicación y objetivos que pretendamos obtener de la intervención activa en la red. El entorno digital posee dos características que, a mi juicio y en relación a cuentas profesionales de abogados, debemos tener siempre muy presentes:

La primera, es que se trata de un entorno en el que las comunicaciones se realizan por escrito, frente a personas, y en el que el contenido permanece y nos define. Esto, en nuestra profesión, nos recomienda ser prudentes con los datos que compartimos siempre con el límite de la confidencialidad y el secreto profesional que delimiten la seguridad, privacidad y protección de nuestros datos y los de nuestros clientes; y algo que es común a cualquier sector, mantener una posición educada y cercana en nuestras conversaciones en la red en respeto a la diversidad en un entorno de opinión democrática.

La segunda, es que el entorno digital se encuentra en constante evolución, lo que nos exigirá siempre mantenernos también en constante aprendizaje y adaptación, partiendo de que, como indicaba con anterioridad, el valor diferencial de cada cuenta en redes sociales viene marcado por la particular gestión que realicemos, siendo lo que irá definiendo nuestra identidad digital o marca personal.

Sólo puedo terminar estas líneas expresando mi felicitación a Juan Cayón Peña, Rector de la Universidad Antonio de Nebrija, quien me ha presentado el trabajo realizado por Esmeralda Diaz-Aroca y Roberto Espinosa. Sin duda han acertado con este excelente trabajo que, a buen seguro, servirá de guía útil y práctica en la utilización eficaz de Twitter como herramienta de comunicación para los abogados en el actual paradigma de la relación hiperconectada y social.

Carlos Carnicer Díez

Presidente del Consejo General de la Abogacía Española.

3. ¿Qué hacen los abogados en Twitter?

Cortesía de **Luisja Sánchez** @luisjasanchez
Periodista jurídico, habitual de Twitter y responsable de contenidos del portal jurídico Lawyerpress.com

Las redes sociales son la penúltima innovación que genera Internet y que ha venido para quedarse. De entre todas las que existen para un periodista, como quien escribe estas líneas, que está pegado a la actualidad como es mi caso, Twitter ofrece grandes posibilidades.

En este contexto digital, como observador de la realidad jurídica es evidente que los abogados empiezan a manejarse en Twitter. Cuando leo la entrevista que le hice al bueno de Paco Pérez Bes, hoy secretario general de INCIBE y abogado de referencia en el campo tic, http://goo.gl/dMnl6r está claro que hay mucho por hacer.

Tener un perfil en la llamada red del pajarito supone asumir riesgos. Y, sobre todo, tener que asumir decisiones de inmediato. Pero sobre todo darse cuenta que en 140 caracteres puedes cubrirte de gloria o perder tu reputación. Por eso es fundamental tener claro lo que vas a decir y no ser muy rotundo ni descalificativo en tus manifestaciones.

Nuestros letrados abordan las redes sociales como una manera de impulsar su marca personal. Algunos nos cuentan todo lo que hacen; desde que se levantan hasta que se acuestan. Otros, por el contrario comparten noticias o sentencias de actualidad, lo que genera en determinadas ocasiones, debates jurídicos de altura. Los grupos de "amigos virtuales" proliferan en este espacio, como comunidades abiertas a quien quiera aportar algo.

En un contexto como el actual de crisis y problemas en la justicia, Twitter ha servido para unir a los abogados y canalizar sus protestas, en especial hacia la Ley de Tasas que ha cumplido el pasado mes de noviembre dos años de vida.

La conocida "Brigada Tuitera", que ha unido a letrados de toda España ha sido empujada por @josemuelas, Decano de Cartagena y los abogados madrileños @veronicadelcarp y @Alopez_Letrado , como cabezas visibles. Detrás de ellos miles de abogados y haber logrado ser Trend Topic en varias ocasiones.

A nivel de despacho, el ritmo es más lento. Pocas marcas se han situado con garantías en redes sociales y utilizado Twitter como una herramienta que añada valor a su estrategia digital. Gracias a mi trabajo de periodista he podido conversar con uno de los primeros Comunity Manager del sector, Jon Pérez de Cuatrecasas http://goo.gl/MrQ6W8. Su labor fue clave para que este macrobufete se introdujera en redes. Ahora, nuestro protagonista ha cambiado de rumbo orientado a la consultoría de comunicación.

Twitter es la ventana abierta a la actualidad y a la inmediatez diaria. La posibilidad que gracias a tu Smartphone te informes en tiempo real de lo que está pasando y puedas dar tu opinión sobre esos mismos hechos. Pero la inmediatez no está reñida con la prudencia ni con la ironía y la buena educación. Trata a los demás como quieres que te traten y tu estancia en esta red social te será muy fructífera.

4. Testimonios sobre el libro

Víctor Almonacid Lamelas. @nuevadmon
Secretario de la Administración local, categoría superior. Máster en NNTT. Jurista especialista en Derecho de las TIC".

Twitter para abogados no es un libro más que usted, compañero jurista, deba leer. Es más bien un manual de instrucciones, una excelente guía práctica para la utilización profesional de la Red Social número uno, la de los 140 caracteres. Twitter ha triunfado, por muchos motivos, sobre otras RRSS, pero más allá de su éxito social pocos son capaces de exprimir sus numerosas posibilidades profesionales, de forma particular en relación con el sufrido oficio de abogado. No sirve pues simplemente "estar", lo cual podría ser incluso contraproducente, sino estar –y compartir, y dialogar- de forma inteligente y productiva. "**Twitter para abogados**" es pues absolutamente imprescindible, no ya para el mal llamado "abogado 2.0" -¡seguimos siendo personas del mundo real!- sino para los bufetes y profesionales del Derecho que quieren -porque deben- estar, de forma eficiente y provechosa, en el mismo lugar donde están sus compañeros y clientes: en las RRSS y en los dispositivos móviles.

Arturo Salvat Martinrey. Abogado

Casajuana Abogados

"**Twitter para abogados**" es sin duda un gran acierto. A los abogados nos va a abrir un mundo de oportunidades, hasta ahora desconocidas para muchos despachos.

Nos va a enseñar a desarrollar acciones de comunicación sin depender de un tercero, un artículo u otro comentario. Twitter es una herramienta perfecta para este fin, un Tweet indicando nuestra especialización es una ventana abierta a nuestro posicionamiento. Este libro además nos va a permitir conocer de primera mano cómo gestionar un plan de comunicación en Twitter, a analizar los ratios de cualquier acción que se desarrolle, a diseñar un cuadro de mando... en definitiva a valorar y ver la efectividad e impacto de las diferentes acciones para nuestro despacho.

Luisja Sánchez @luisjasanchez

Periodista jurídico, habitual de Twitter y responsable de contenidos del portal jurídico Lawyerpress.com

"La salida del libro "Twitter para los Abogados" es una gran noticia para el sector jurídico. Sus autores, Esmeralda Díaz Aroca y Roberto Espinosa han realizado una magnífica guía de cómo manejarse en esta red social sin que por ello la actividad profesional del letrado quede dañada bajo ningún aspecto.

Esta publicación, prologada por Carlos Carnicer, presidente del CGAE y Twittero también desde hace algo más de un año, recoge también las impresiones de algunos de los letrados que mejor se mueven en redes sociales. Con todos ellos, este periodista tiene la suerte de intercambiar experiencias a diario. Y es que en un sector tan complejo como es el sector legal, gestionar tu propio networking no está nunca de más, desde luego."

Maria del Camino Simbor Ortega. Abogado del ICAV
Simbor Abogados

¿Twitter para abogados? ¡Genial, simple y llanamente!
Cuando se piensa en las cualidades que debe reunir un abogado, lo primero que nos viene a la cabeza es que la clave es el conocimiento profundo de la Ley. Sin embargo, esto de nada sirve si el abogado carece de "don de palabra" y de la habilidad de comunicarse (y hacerlo utilizando el registro adecuado) con el cliente, la contraparte y todos aquéllos otros que intervienen en el día a día de la profesión. Además, un buen abogado debe saber aprovechar el consabido "boca a boca" para ampliar los horizontes de su influencia y atraer nuevos clientes.

La comunicación ha adquirido una nueva dimensión en la era de las redes sociales y se han multiplicado las opciones a nuestro alcance. En este contexto, los abogados no podemos quedarnos atrás a la hora de aprovechar los recursos que proporciona el mercado. Entre ellos, Twitter se ha revelado como una potente herramienta de comunicación y **Twitter para abogados** nos ofrece todos los secretos para sacar el máximo partido a este nuevo sistema, darnos a conocer y transmitir los entresijos de nuestra profesión.

Vicente Albert Embuena

Abogado y Administrador judicial

Agradezco a Esmeralda Díaz-Aroca y Roberto Espinosa, que me permitan exponer algunas consideraciones sobre el Libro **"Twitter para abogados"**; realmente la primera consideración personal es lo novedoso de un libro que en este ámbito poco abierto a las nuevas tecnologías, en este sentido, el libro rompe con el clasicismo del letrado de "toga y ley" para adentrase con maestría profesional en una descripción estructurada sobre las posibilidades prácticas del Twitter en el ámbito profesional del abogado. Sin duda, he de reconocer que falta el conocimiento por los juristas de tan valioso documentos como este libro del que hoy escribo este pequeño testimonio; a los autores, Roberto y Esmeralda, enhorabuena por hacernos abrir los ojos a las nuevas tecnologías, y en concreto, a la aplicación Twitter.

Luis Albeledo Iglesias

Abogado

"**Twitter para abogados** es un libro que te va a sorprender porque te va a descubrir utilidades, funciones o posibilidades de twitter que probablemente no conocías.

Esmeralda y Roberto han hecho un excelente trabajo y lo han plasmado en un libro que abarca desde el nivel twitter para dummies hasta consejos para crear tu propio cuadro de mando KpI's.

El libro aborda lo más importante de esta red social y, tanto si eres un absoluto novato como si llevas un tiempo de experiencia, estoy seguro que será útil para mejorar tú gestión de twitter.

Creo que puede ser muy útil el capítulo de cómo diseñar un plan estratégico de comunicación para abogados en twitter porque aborda desde la sencillez y claridad la exposición de elementos teóricos, aporta buenos consejos para reflexionar y añade de cómo valor el planteamiento de objetivos y plantillas para descargar y tener un seguimiento de control sobre el trabajo realizado.

En definitiva, un buen trabajo de los autores y una gran ayuda para los usuarios de twitter sean del nivel que sean"

5. Introducción: Twitter como herramienta de Social Selling para Abogados

La tecnología ha cambiado nuestras vidas tanto a nivel personal como profesional. Los consumidores ya no están solamente en el mundo real, si no que se relacionan, conversan, buscan y opinan en la red, y más concretamente en las redes sociales (Twitter, Facebook, LinkedIn, Google Plus...), plataformas de contenido (Youtube, Slideshare, Scribd, Vimeo, etc.).

Si los consumidores, colegas, proveedores, clientes y clientes potenciales están en este nuevo "ecosistema digital", desaprovechar la oportunidad de formar parte de este entorno y de todas las ventajas que ofrece, en sin duda no solo una pérdida de tiempo si no de VENTAJA COMPETITIVA.

Twitter es una red cada vez más utilizada y sin duda un excelente canal de comunicación con otros profesionales, clientes y clientes potenciales. Pero no solo eso, si no que Twitter es además una de las mejores plataformas para que un profesional de la abogacía lleve a cabo su plan de **Social Selling,** en otras palabras poner en marcha una estrategia y las acciones necesarias de comunicación que permitan desarrollar y potenciar su BRANDING, dotándole de mayor VISIBILIDAD, DIFERENCIACION y COMPETITIVIDAD.

El **Social Selling** en Twitter permitirá a los profesionales de la abogacía a relacionarse, comunicarse, interactuar y crear "engagement" con sus diversos públicos a los que aportará valor a través de los contenidos difundidos en esta red social.

Trabajar con Twitter permitirá a un profesional de la abogacía **escuchar, interactuar** con sus clientes, con colaboradores, con otros colegas, **investigar a la competencia**, estar informado de las ultimas noticias y tendencias que tienen que ver con su especialidad, ó noticias generales de índole jurídica, **generar marca**, crear **emociones y vínculos** con sus clientes, difundir consejos, información, conocimiento, etc.

Los **beneficios** que aporta el Social Selling en Twitter son muy numerosos.

Proporciona una difusión de información rápida y mucho más económica que por otros medios, facilita las relaciones humanas, las interacciones, la comunicación bidireccional con capacidad para persuadir y de vender indirectamente, la viralización de contenido al tener la posibilidad de compartir las imágenes con otros usuarios, mejoras en el posicionamiento, notoriedad, en la imagen de marca, etc.

Al igual que en la vida real, sin contactos, no se puede hacer negocio, y Twitter es una útil herramienta para contactar y crear vínculos. En definitiva, para crear **networking**. A través de Twitter no solamente se pueden convocar actos y eventos sino también se puede conseguir que los asistentes cuenten al mundo que han asistido a nuestro evento, mediante los distintos hashtags diseñados para tal finalidad, amplificando la difusión del mismo.

Otra de las principales ventajas de Twitter es su **gratuidad**. Podemos publicar lo que queramos, cuando y como queramos. Esto hace que Twitter se convierta en una importante **herramienta de promoción** para abogados y despachos.

Otro de los usos más comunes que tiene Twitter por los miembros del sector legal es el de **ejercer presión** hacia determinadas entidades -ya sean públicas o privadas-. En éste caso podríamos destacar la figura del Colegio de Abogados de Cartagena; una de las instituciones más activas en la lucha contra la ley de tasas judiciales y con más presencia en las redes sociales. Su decano José Muelas (@josemuelas) es uno de los abogados españoles más influyentes en el entorno online.

José Muelas
@josemuelas

Catalá afirma que puede bajar unas tasas para subir otras #ChúpateEsa m.europapress.es/nacional/notic ... #T #DePena

↩ Responder ↺ Retwittear ★ Favorito ••• Más

EP Nacional

Catalá afirma que la imagen de la Justicia "es más...

El nuevo ministro de Justicia, Rafael Catalá, ha afirmado que la sociedad tiene "una imagen de la justicia más negativa de los que es la realidad". "Nos...

Ver en la web

RETWEETS   FAVORITOS
38   5

Twitter también se convierte en una herramienta de **expresar y compartir opiniones.** Cada vez son más los abogados que se atreven a exponer sus opiniones e ideas generando interesantes debates.

Por otra parte, Twitter permite **demostrar que se es experto** en un tema concreto. La tercera de "Las 22 Leyes Inmutables del Marketing" -desarrolladas por Al Ries y Jack Trout- es la "Ley de la mente": es mejor ser el primero en la mente de los clientes, que ser el primero en el punto de venta". En otras palabras, no basta con ser el mejor, sino que también hay que "parecerlo", tenemos que demostrar que lo somos, tenemos que posicionarnos como expertos en nuestra materia. Twitter es una herramienta perfecta para ello.

Concluyendo, Twitter se ha convertido en una excelente plataforma para el sector legal. Una herramienta gratuita que, si se sabe explotar al máximo, puede aportarnos grandes beneficios.

En este libro queremos abrirte una ventana para que te asomes y puedas beneficiarte de un sinfín de ventajas.

6. ¿Qué tiene que saber un Abogado sobre Twitter?

6.1 ¿Qué es Twitter?

Twitter es una aplicación web gratuita de microblogging que reúne las ventajas de los blogs, las redes sociales y la mensajería instantánea. Esta nueva forma de comunicación, permite a sus usuarios estar en contacto en tiempo real con personas de su interés a través de mensajes breves de texto a los que se denominan Updates (actualizaciones) o Tweets, por medio de una sencilla pregunta: **¿Qué está pasando?**

6.2 ¿Cómo funciona?

Los usuarios envían y reciben *updates* de otros usuarios a través de breves mensajes que no deben superar los 140 caracteres, vía web, teléfono móvil, mensajería instantánea o a través del correo electrónico; e incluso desde aplicaciones de terceros, como pueden ser *Twitterrific, Facebook, Twitterlicious, Twinkle,* y muchas otras.

En la sección de tu perfil puedes estar al día tanto de los usuarios de Twitter a los que sigues como de tus seguidores. Además de buscar amigos, familiares, compañeros u otras personas de tu interés.

6.3 Un poco de historia de Twitter

Twitter fue fundado en marzo de 2006 por los estudiantes de la Universidad de Cornell en Nueva York, Jack Dorsey, Biz Stone, Evan Williams y Noah Glass. Los tres primeros cofundaron la compañía *Obvious* que luego derivaría en *Twitter Inc.* Actualmente trabajan en Twitter 3000 empleados. Jack Dorsey es además de cofundador el presidente de la empresa.

6.4 ¿Cómo se desarrolló el proyecto?

Cuando Dorsey vio la puesta en marcha de la mensajería instantánea, este se preguntó si el rendimiento del software del usuario podría ser compartido entre amigos fácilmente. Entonces se reunió con los fundadores de *Odeo* (website de agregación y publicación podcast) Noah Glass y Evan Williams, quienes además habían sido previos fundadores de Audioblog y Blogger y Pyra Labs respectivamente.

Jack Dorsey y Biz Stone construyeron un prototipo de *Twitter* en marzo de 2006 en tan sólo dos semanas y en agosto de 2006 lanzaron el producto. En octubre de ese mismo año, *Odeo* se reformó pasando a llamarse *Obvious Corp*. El servicio adquirió popularidad rápidamente, ganando en marzo de 2007 el premio *South by Southwest Web Award* en la categoría de blog. En mayo de 2007 *Obvious* derivó en la compañía *Twiter Incorporated*.

En Abril de 2008 *Twitter* anunció en su blog que había creado una versión de *Twitter* para los usuarios japoneses.

El rápido crecimiento de *Twitter* para muchos radica en su simplicidad. La generación de SMS ha visto en este recurso una vía rápida de comunicación a tiempo real. Pero las estadísticas han demostrado que este tipo de fenómenos (*Myspace, Facebook*) han sufrido un paulatino declive alrededor del año de su auge.

7. La evolución de Twitter

A continuación podemos observar un recorrido de la evolución de la red social, dónde se muestran los principales hitos desde 2006 hasta nuestros días.

2006

Marzo: Jack Dorsey crea Twitter. El 31 de marzo se publica el **primer Tweet** que decía: "creando mi twttr".

Julio: El servicio de microblogging se lanza **oficialmente** al público el 15 de julio. A finales de mes, el co-fundador Biz Stone explica en qué consiste Twitter en un divertido vídeo subido a YouTube.

2007

Marzo: Twitter cumple **dos años**.

Abril: el servicio se convierte en **empresa**.

Octubre: Dorsey renuncia a su papel de director general y es reemplazado por Evan Williams.

Noviembre: Twitter cumple 3 años y un informe de Nielsen Online asegura que ha crecido una media de 1,382% al año.

2009

Marzo: Twitter llega a su Tweet número **1.000 millones**.

Junio: AP Stylebook acuña el término Twitter.

Septiembre: Twitter es identificado con la imagen de un pájaro.

Octubre: Se supera la cifra de **5.000 millones** de Tweets.

2010

Enero: el astronauta de la NASA, TJ Creamer envía el primer Tweet sin ayuda **desde el espacio**, a bordo de la Estación Espacial Internacional.

Febrero: los usuarios empiezan a registrar más de **50 millones** de Tweets por día.

Abril: aparece la plataforma de publicidad de Twitter, con **Tweets promocionados.**[1]

Junio: los usuarios establecen un nuevo récord de Tweets por segundo (3.085), durante los playoffs de la NBA, entre los Lakers y los Celtics de Boston. Este récord se rompió a finales de mes con 3.283 Tweets por segundo, en la final del Mundial entre Japón y Dinamarca.

Julio: En los resultados de la búsqueda de Twitter también aparece la foto de la gente. Además, aparece la función de sugerencias personalizadas para seguir a determinadas personas.

Agosto: Twitter lanza el **"Tweet Button"**, una opción para editores para contar Retweets y permitir a sus lectores que compartan fácilmente el contenido. Twitter supera a MySpace en número de visitantes únicos mensuales.

Septiembre: Comienza el despliegue de la nueva interfaz de la web, que tiene nuevas formas de integrar multimedia.

Octubre: el co-fundador de Twitter, Williams abandona el puesto de director generar y lo sucede Dick Costolo.

---

[1] Información extraída de Mashable

2011

Enero: eMarketer predice que Twitter triplicará sus ingresos por publicidad en 150 millones de dólares este año. Los usuarios en Japón establecen un nuevo récord de Tweets por segundo, casi 7.000.

Febrero: el presidente egipcio, Hosni Mubarak se ve protagonista de una innovadora **revolución digital** en la que Twitter juega un importante papel. Comienzan a difundirse rumores sobre si Google o Facebook la comprarán por 10.000 millones de dólares.

Marzo: Twitter cumple 5 años y recupera a Dorsey como presidente ejecutivo.

2012

Febrero: Twitter anuncia la función de autoservicio de anuncios para pequeñas y medianas empresas, en asociación con American Express.

Junio: Twitter anuncia el nuevo diseño del pájaro de Twitter.

Noviembre: El Presidente de los Estados Unidos Barack Obama, anunció su triunfo en las selecciones a través de un

Tweet que se convirtió en el más retwitteado de la historia, actualmente es el segundo Tweet más retwitteado.

2013

Enero: Twitter lanza Vine.[2]

---

[2] Vine es una aplicación desarrollada por Twitter que permite crear y publicar videos cortos de hasta 6 segundos de duración desde el propio dispositivo.

Agosto: Los usuarios de Twitter alcanzan un nuevo récord de Tweets por segundo. Se envian 500 millones de Tweets por día, o 1000 millones cada 2 días.

Septiembre: Twitter anuncia la presentación de IPO.[3]

Octubre: Se lanza Nielsen Twitter TV Rating.[4]

2014

Enero: primer cumpleaños de Vine

Febrero: El segundo informe de transparencia incluye dos años de información.

Marzo: Para celebrar su octavo cumpleaños, Twitter te invita a encontrar tu #PrimerTweet o el de cualquier otra persona.

Los Tweets de los #Oscars de este mismo año crearon 3,3 mil millones de impresiones, algo sin precedentes y el Tweet que puedes ver a continuación, superó el record anterior del Tweet de Obama, para convertirse en el más retwitteado hasta el momento.

---

[3] IPO, oferta pública inicial. Se define como la primera venta de acciones de una empresa privada al público, para que este pueda invertir en bolsa.

[3] Sistema de medición de audiencias de televisión, gracias a la medición de conversaciones en Twitter sobre los programas televisivos.

[4] Sistema de medición de audiencias de televisión, gracias a la medición de conversaciones en Twitter sobre los programas televisivos.

Ellen DeGeneres
@TheEllenShow

If only Bradley's arm was longer. Best photo ever. #oscars

4:06 AM - 3 Mar 2014

3.375.458 RETWEETS 2.020.613 FAVORITES

Abril: Twitter lanza nuevos perfiles web.

El mercado de MoPub y Publisher Network de Twitter alcanza más de 1 mil millones de dispositivos móviles.

Twitter adquiere Gnip.

7.1 Algunos datos de Twitter en 2014:

Más de 284 millones de usuarios activos mensualmente

Se envían 500 millones de Tweets por día.

El 80 % de los usuarios activos de Twitter accede a través de su móvil.

El 77 % de las cuentas no pertenecen a usuarios de los EE. UU.

Twitter ya se encuentra en más de 35 idiomas.

Vine: más de 40 millones de usuarios

7.2 11 Principales razones para comenzar a utilizar Twitter si eres abogado

Twitter es una excelente herramienta para el sector jurídico, utilizándola de la forma correcta está llena de ventajas y oportunidades. Si alguna vez te has preguntado porque debes tener una cuenta y utilizar Twitter, además de muchas otras, aquí tienes las 11 principales razones:

1. Es gratis

Twitter es una potente herramienta de comunicación gratuita. Crear una nueva cuenta no tiene ningún coste y tan sólo te llevará 5 minutos. Gracias a Twitter podrás conectar con millones de personas y posibles clientes.

2. Es una excelente herramienta de comunicación

La comunicación se ha convertido en una necesidad que ningún profesional puede eludir. Los abogados como cualquier otro profesional necesitan comunicar, Twitter es una excelente herramienta de comunicación y por tanto nos permitirá trasmitir el posicionamiento de nuestra marca, la calidad de nuestros servicios y atraer a clientes.

3. Genera tráfico hacia tu página web

¿Quién no quiere recibir más visitas en su página web? Twitter te ayuda a dirigir tráfico hacia tu página web. En nuestros Tweets podemos incluir enlaces que dirijan hacían contenido que aporte valor a los clientes y que esté alojado en nuestra web. Como por ejemplo artículos de nuestro blog jurídico, alguna noticia relacionada con nuestra marca o simplemente el lanzamiento de un nuevo servicio.

4. Networking. Conecta con otros profesionales y empresas

Twitter te permite conectar con otros profesionales y empresas para establecer nuevas colaboraciones, relaciones profesionales o intercambiar información de interés. Te puede ayudar a encontrar a ese profesional que necesitas y establecer una alianza estratégica para completar tu oferta de servicios.

5. Ayuda a modernizar tu imagen o la de tu despacho

Si necesitas actualizar o modernizar tu imagen de marca o la de tu despacho de abogados, sin lugar a dudas Twitter te ayudará a conseguirlo. Además aprender a utilizar la red social Twitter te permite competir y estar al mismo nivel que otros profesionales de tu sector, ya que la presencia de abogados en Twitter es cada vez mayor.

6. Monitorizar a tu competencia

Estudiar a tu competencia es una tarea ineludible para cualquier empresa o profesional. Puedes seguir a tus principales competidores y estar al día de sus movimientos. A través de Twitter podrás realizar tu estudio de competencia, consiguiendo la información más reciente de tus competidores. Tienes la posibilidad de seguir a tu competencia sin que ellos sean conscientes, para ello debes incluirlos en una lista privada. En el capítulo **"Las listas de Twitter. Cómo crearlas"** te explicamos cómo hacerlo.

7. Te mantienes actualizado con noticias y temas del sector jurídico

El trabajo de abogado requiere estar permanentemente informado sobre temas y noticias del sector. En Twitter podrás seguir aquellas cuentas que comparten dicha información y también realizar búsquedas acerca de las noticias que te interesen.

8. Conecta con posibles clientes

Twitter es una herramienta de comunicación que utilizada de la forma correcta puede hacerte conectar con clientes que tengan ciertas necesidades jurídicas que puedes satisfacer. Si sigues una buena estrategia de comunicación te permitirá conectar con posibles clientes y generar leads.

9. Construye marca y te posiciona.

Si tú no te etiquetas, te etiquetan. Twitter te da la oportunidad de construir tu marca personal si eres abogado, y por supuesto también te ayuda a construir la marca de tu despacho o bufete. En este libro, además de enseñarte a utilizar Twitter de forma correcta, te enseñamos a definir tu estrategia de comunicación en Twitter para construir tu marca y posicionarte.

10. Mejora tu reputación digital

La gran mayoría de los clientes busca información acerca de un servicio antes de contratarlo. Twitter te permite mejorar tu reputación digital como abogado, o simplemente te ayuda crearla.

11. Contactar con profesionales destacados del sector jurídico.

Twitter es el medio perfecto para establecer contacto con profesionales influyentes y destacados del sector. Normalmente son bastante activos en sus perfiles y puedes establecer contacto con mayor facilidad que por otras vías.

8. ¿Qué es un Tweet?

Twitter siempre hace la pregunta: "¿Qué está pasando?" Cada respuesta a esa pregunta se considera una actualización, o lo que se suele llamar comúnmente como un "Tweet".

Tweet es cualquier mensaje de 140 caracteres o menos, enviado por Twitter. Una vez te hayas registrado, simplemente escribe tu primer Tweet en la casilla de actualización (que se muestra a continuación). Twitter cuenta los caracteres por ti, ahora tan sólo falta hacer clic en el botón de "Tweet" para enviar el mensaje.

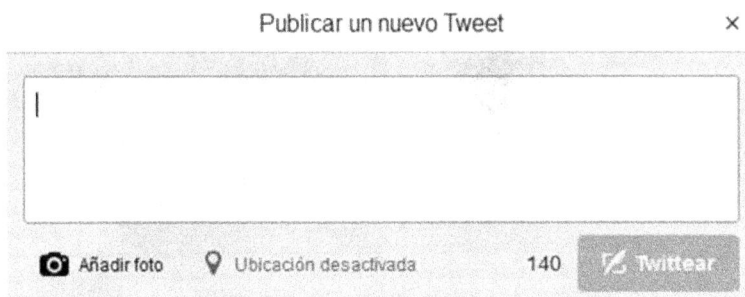

Otra manera para enviar actualizaciones es desde tu teléfono móvil. Configura el teléfono y envía un mensaje de texto a Twitter, o si tu teléfono dispone de un navegador web, utiliza la versión especial que está hecha para los navegadores web de móviles, m.twitter.com.

8.1 ¿Por qué 140 caracteres?

En Twitter aseguran que 140 caracteres es la longitud perfecta para enviar actualizaciones a través de mensajes de texto. La longitud de mensajes de texto estándar en la mayoría de los lugares es de 160 caracteres por mensaje. En Twitter se reservan 20 caracteres para nombres de personas, y los otros 140 son todos tuyos.

Las 5 formas de mensaje o Tweets: como escribir un Tweet

Twitter es sin duda la plataforma donde los caracteres tienen más valor. En 140 caracteres hay que decirlo todo, seducir y enganchar. Por lo tanto, escribir en Twitter implica ser muy conciso y directo.

Cuando se escribe un Tweet hay que tratar de definir muy bien lo que el usuario encontrará al hacer click.

1.- Tweet.- Al principio parece un poco difícil, es posible que no sepas qué decir, pero no te preocupes. Normalmente sueles pasarte los primeros días conociendo la red social y como la utilizan, fijándote y leyendo las publicaciones de los demás usuarios. Te recomendamos que publiques tu primer Tweet presentándote o presentando tu despacho. Más adelante explicaremos cual es la mejor estrategia de publicación de contenido (consejos, enlaces a tu web, etc.)

En estos mensajes se puede incluir:

a) un enlace hacia un sitio web para ampliar el tema. Por ejemplo un enlace hacia la página web de tu bufete o un artículo publicado en tu blog.

b) una indicación al principio del mensaje para que tus seguidores sepan de qué se trata, por ejemplo: Mi Blog: (les avisa sobre un artículo que has escrito y los invitas a leerlo);

Interesante: (quiere decir que recomiendas leerlo); Anuncio: (adviertes que estas promocionando/vendiendo un servicio), etc.

c) un hashtag, es una palabra o palabras a las que se le antepone el signo de #, por ejemplo #frase se refiere a una frase célebre. Las hashtags sirven para identificar en una búsqueda los Tweets relativos a un mismo tema. Más adelante, en el capítulo **¿Qué es un hashtag?"** profundizaremos sobre cómo utilizar un hashtag y como puede ayudarnos a conseguir ciertos objetivos de comunicación.

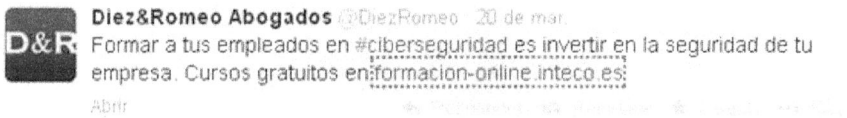

D&R **Diez&Romeo Abogados** @DiezRomeo 20 de mar.
Formar a tus empleados en #ciberseguridad es invertir en la seguridad de tu empresa. Cursos gratuitos en formacion-online.inteco.es
Abrir

d) Emoticonos. Aunque deben ser utilizados con moderación, pueden ayudar a trasladar el estado de ánimo de la persona que escribe el Tweet. Los emoticonos deben acompañar a un mensaje previo que justifique el guiño, sonrisa, sorpresa o tristeza.

Los conocidos emoticonos o emojis que estamos tan acostumbrados a utilizar a través de nuestros smartphones pueden ser utilizados en la versión web de Twitter. El servicio de 'microblogging' permite, gracias a su actualización, ver estos simpáticos dibujos a través del ordenador.

Mirad la diferencia entre un Tweet y otro:

Obviamente, no se trata de inundar de emoticonos los Tweets pero pueden resultar bastante útiles en muchos casos.

También hay buenas páginas para tomar emoticonos, una de las más sencillas es http://getemoji.com. También tienen una cuenta en Twitter, @getemoji.

Basta con copiar y pegar. ¡Así de sencillo!

También puedes usar http://www.simbolostwitter.com

2.- Comentario.- En tu página principal entran todos los mensajes (Tweets) de las personas a las que estas siguiendo (following). Si ves algo interesante, puedes hacer un comentario. Para comentar directamente a un mensaje o Tweet, coloca el cursor en el lado derecho del mensaje y aparecerá una estrella (para marcar favoritos) y una flecha señalando hacia arriba y a la izquierda; presiona sobre la flecha y el nombre de usuario aparecerá automáticamente en tu ventana de contestación. Agrega tu comentario después del nombre de usuario.

Puedes hacer comentarios en cualquier mensaje de cualquier usuario en cualquier momento, no sólo de los que sigues.

3.- Respuesta.- Se refiere a las respuestas o comentarios que recibes de otros usuarios. En tu página principal (home), en el menú de la derecha, hay un vínculo con tu nombre de usuario precedido por el símbolo @, ahí recibes los mensajes de usuarios que te respondieron alguna pregunta, o que te están haciendo una pregunta en relación con un Tweet o mensaje tuyo. Al principio sólo se registraban las respuestas directas, es decir las que tenían tu nombre de usuario al inicio, actualmente se registran en esa sección todos los Tweets que tengan una referencia a tu nombre en cualquier lugar del mensaje.

Puedes recibir respuestas y/o comentarios de cualquier usuario en cualquier momento, no sólo de los que te siguen (followers) o a los que tú sigues (following).

luis abeledo
@luisabeledo
☼ ˅   ˙˛ Seguir

@josecabrejas @rdbollo @ElenaVld sobre lesiones hay unas sentencias muy chulas sobre agresiones y cobertura de seguros deportivos.

↰ Responder ↻ Retwittear ★ Favorito ••• Más

20:23 - 24 de mar de 2014

4.- Retweet.- Consiste en reproducir íntegramente el mensaje de otro usuario, incluyendo su nombre y foto. Puedes hacer un Retweet presionando en el icono de las dos flechas contrapuestas. Existe otra forma de hacer un Retweet, puedes replicar todo el texto y añadir la palabra Retweet o RT al inicio, también es necesario incluir el nombre de usuario para que se pueda identificar al autor. Es algo similar a la función "forward" en el correo electrónico. Esta función no es automática en Twitter, por lo que hay que copiar (ctrl - c) el mensaje, presionar la flecha de respuesta y pegar (ctrl - v) después del nombre y agregar RT al inicio. Puede haber varios RT's en el mismo mensaje.

Esmeralda Diaz-Aroca
@joniaconsulting

RT @rafaelfontan: El derecho a la propia imagen no es absoluto: el caso de la enferma imaginaria y las vecinas. shrd.by/S9Jlzy

↩ Responder 🗑 Eliminar ★ Favorito ••• Más

9:42 - 25 de mar de 2014

5.- Mensaje Directo.- Sólo puedes enviar mensajes directos a tus seguidores (followers). Hasta hace poco era una forma de saber si un usuario te seguía o no. Por lo tanto únicamente podrás recibir mensajes de los usuarios a los que sigues (following). Los mensajes directos no son públicos, sólo el usuario que te lo envía y tú los podéis ver. Puedes acceder al panel de control de tus mensajes directos desde tu página principal, presionando el icono del sobre, que se encuentra en el menú superior a la derecha y al pasar el cursor por encima de él, aparece el texto "mensajes directos". Los mensajes directos están limitados a 140 caracteres.

En tu panel de control puedes leer tus mensajes, contestarlos, borrarlos o enviar un nuevo mensaje a un seguidor (follower). También puedes enviar mensajes a tus seguidores desde su página principal.

8.2 Vocabulario básico para dominar TWITTER

La primera vez que abres tu **Twitter** puedes sentirte un poco abrumado. Todo es nuevo, el tipo de interfaz, la limitación de escritura (140 caracteres), la manera de escribir, el vocabulario, la forma de compartir la información, lo rápido que habla todo el mundo... Demasiado para la primera toma de contacto, ¿verdad?

Hemos recopilado este vocabulario básico para que vayas familiarizándote con la "jerga" de Twitter. Sólo necesitas dedicarle unos pocos minutos para ponerla en práctica.

AVATARES y BIOs

Roberto Espinosa
@RbertoEspinosa · TE SIGUE
marketing strategist, CEO Espinosa Consultores, junta directiva CMM, coautor de Marketing y pymes
marketingypymesebook.com

Guillermo Pérez
@gperezalonso · TE SIGUE
Tecnología, comunicación, marketing jurídico & social media. Management, sociología e internacionalización Inktetos & Aerco-Psm · #LegalWatch beyond Law.

Esmeralda Díaz-Aroca
@joniaconsulting
#Personalbranding #Coach, Escritora, Ph.D, Consultora y Profesora de postgrado en Nebrija Business School Autora de Como tener un Perfil 10 en #LinkedIn
📍 Madrid
🔗 esmeraldadiazaroca.com
🕐 Se unió en octubre de 2010

@: Es el símbolo por excelencia de Twitter. Se coloca antes del nombre de usuario.

#: Ver Hashtags.

Avatar: Es la imagen de cada usuario. Acompaña a cada uno de nuestros Tweets y nos representa en Twitter. Se trata de una imagen cuadrada de pequeño tamaño que no puede ser ofensiva en manera alguna ni violar ningún tipo de derechos de autor.

Block (bloquear): Es el acto de evitar que un usuario pueda ser tu seguidor, tampoco aparecerán tus Tweets en su Timeline y no aparecerás en su lista de Followings. Al bloquear a un usuario, éste prácticamente desaparecerá para ti. Utiliza el enlace que aparece en el sidebar, en la visión del perfil del usuario para acceder al panel de Bloqueo:

Puedes desbloquear a cualquier usuario bloqueado anteriormente visitando su perfil y pulsando sobre "unblock".

Clientes de Twitter: Son el conjunto de aplicaciones y extensiones que nos permiten Twittear desde nuestro propio equipo. Es decir es trabajar "fuera de Twitter" vía aplicaciones externas. Un ejemplo: Hootsuite, Buffer, Tweetdeck, etc.

Direct Messages (DM): Son los Mensajes Directos que pueden enviarse entre usuarios. Son privados, es decir, tan sólo son visibles para el receptor y el emisor del mensaje. Para poder enviar un DM a un usuario, éste debe de ser tu seguidor.

Favoritos: Son los Tweets que cada usuario considera mejores y de especial interés. Puedes marcar tus favoritos pulsando sobre la estrella y la palabra "favoritos" que aparece en la parte inferior derecha de cada Tweet.

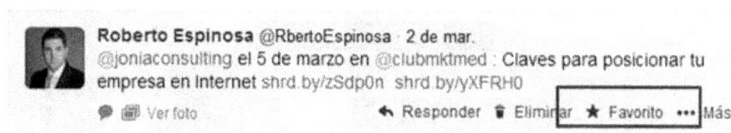

Para acceder a todos los favoritos almacenados, bien los propios o los de otro usuario, lo hacemos desde la sidebar:

Followear: Acto de seguir a otro usuario, convertirse en su Follower y comenzar a recibir sus Tweets en tu timeline.

Follower/s (seguidores): Es cada uno de los usuarios que te sigue en Twitter. Cada vez que tu "Twittees" cualquier contenido, aparecerá en su timeline y podrán leerlo. La cuenta de los usuarios que te siguen se lleva desde el sidebar, y su número dependerá de la cantidad de amigos que tengas en Twitter, tu frecuencia de actualización, y sobre todo, de lo interesantes que sean tus Tweets.

Followfriday (#FF): El #FollowFriday o #FF es un "hashtag" o "Tema del momento" en Twitter que se ha convertido en una costumbre de cada Viernes para la mayoría de los usuarios.

Following (seguidos): Son los usuarios que tú sigues en Twitter. Cada vez que cualquiera de ellos publique algo aparecerá en tu timeline y podrás leerlo siempre y cuando no te haya "bloqueado".

HashTag (#): La **"almohadilla"** se utiliza en Twitter para **etiquetar los Tweets que tratan sobre temas específicos** y facilitar su búsqueda en Twitter. Por ejemplo, el 14 de Noviembre de 2014 los **hashtags** más utilizados entre los usuarios de habla española fueron **#MTVStars** y **#NASHvsCHAD**. El más utilizado a principio de verano de cualquier año, suele ser **#vacaciones**.

Al hacer clic sobre un hashtag accederemos a una búsqueda automática de todos los Tweets que lo incluyan. De esta manera podemos estar al tanto de todo lo que se twittea sobre un tema determinado. Los #hashtags pueden incluirse al principio del Tweet, al final, o formando parte del mismo.

Home: o **página de usuario (inicio)** es el centro de tu actividad en Twitter vía web. En Home se muestra nuestro Timeline.

Menciones/Notificaciones: Son cada uno de los Tweets en los que se incluye (menciona) tu nombre de usuario. Podrás estar al tanto de quién te nombra y quien no haciendo clic en "Notificaciones".

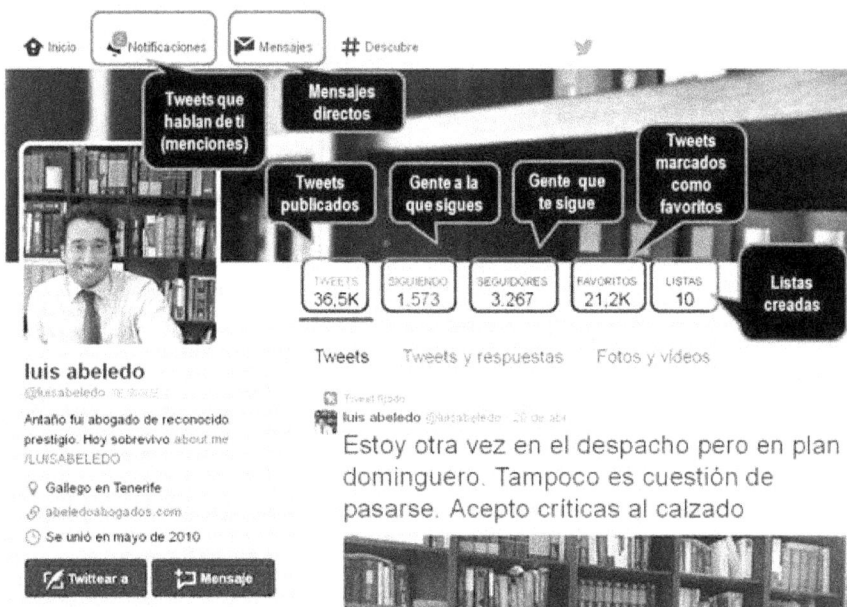

Es importante no confundir menciones con Interacciones, ya que en el segundo caso, se refiere a aquellos Tweets que comienzan con **@Nombreusuario**.

Todas las Interacciones son Menciones, pero NO todas las Menciones son Interacciones.

Microblogging: En general se definen así a aquellos Blogs cuyas entradas son de pequeño formato con pocos caracteres o información muy sencilla y simplificada. Entre los más conocidos, encontramos Twitter (por supuesto) y Tumblr. Creemos que sería muy estricto delimitar la definición a aquellos en los que cada post (por decirlo de alguna manera) no excedan de los 140 caracteres. Pongamos el caso de algunos Tumblr o algunos blogs sobre haikus, poemas o similares. En muchas ocasiones se relaciona directamente el término "microblog" con Twitter excluyendo otras plataformas.

Perfil: Es la parte de cada cuenta que es pública y visible para el resto de los usuarios y para cualquier navegante. Puedes acceder al perfil de cualquier usuario utilizando la fórmula http://twitter.com/NombreUsuario en tu navegador. En él se mostrarán **todos los Tweets publicados por un usuario concreto**.

La visualización del perfil nos permite averiguar más cosas sobre cualquier Tweeter, bien sea gracias a la información mostrada en el sidebar, o simplemente por la apariencia del mismo, la foto utilizada, los colores, el background...

Reply: Es un Tweet enviado **directamente a ti**. Para enviar una **Reply** utiliza la fórmula **@NombreUsuario + Tweet a enviar** y el usuario de destino la recibirá en sus **Menciones**.

Retweet (RT): Son una forma de **republicar** un Tweet de alguno de los usuarios a los que sigues y que consideras especialmente interesante. Con el **RT** del Tweet consigues que aquellos de tus Followers que no sigan al usuario emisor del Tweet conozcan el contenido del mismo, manteniendo la autoría del Tweet original. Existen dos maneras de hacer Retweet:

Utilizando la fórmula **RT + @UsuarioEmisor + Tweet interesante**. Es la manera más habitual y más extendida en Twitter.

Poniendo, generalmente entre paréntesis, **la autoría del Tweet al final del mismo**, indicando la fuente original del mensaje. Ambos casos son perfectamente válidos, aunque en el segundo, se puede confundir con páginas u enlaces atribuidos a un usuario concreto, sin que exista la necesidad de que éste haya escrito el mensaje original.

Si quieres "añadir" o comentar algo al Tweet del que haces RT, te sugerimos, para evitar confusiones, utilizar símbolos como <<-- + **tu comentario**.

Un correcto Retweet se ha de ajustar a la fórmula: **RT + @UsuarioEmisor + Tweet interesante + <<-- +tu comentario** (si lo hubiera).

Seguidores: Véase Followers.
Seguidos: Véase Following.

Sidebar: En Twitter es la barra horizontal que aparece debajo de la foto de arriba de la pantalla. Generalmente contiene los botones que nos permiten navegar por nuestro Perfil en la web. Además, muestra información sobre nuestra cuenta, datos sobre nosotros y en algunas páginas, consejos y Tips (en inglés) sobre las funciones que se pueden realizar en dicha página.

Timeline: Básicamente es la página donde se muestran los Tweets que escribes y los de los usuarios a los que sigues. Es el centro neurológico de tu actividad en Twitter desde la web, donde recibirás los Tweets de los usuarios a los que sigas y el lugar adecuado desde el que hacer los RTs.

Trending Topics (tendencias): Son los temas más populares en cada momento en Twitter. Aparecen en el sidebar lateral y dan una idea de la importancia de Twitter en la difusión de eventos y noticias.

Tendencias en España · Cambiar

#RecomiendaUnLibro
#SaveJace
#LJDHcani
Valters
Skydrive
Cayetano
Alfredo Urdaci
Gerard Piqué
España
Jace

Si pulsas sobre uno de ellos, se mostrará la búsqueda de dicho término popular, y la velocidad de actualización de los Tweets que lo contienen te dará una idea de lo importante o popular que es un tema determinado en ese momento.

Tweet: Es cada uno de los mensajes de un máximo de 140 caracteres que se pueden enviar a través del servicio de Twitter.

Tweeters (o Twitters): Es como se denomina a los usuarios de Twitter.

Tweetup: Reunión de Tweeters, bien sea una reunión "online" o en persona.

Twittear: Acción de emitir Tweets en Twitter.

Unfollowear: Acto contrario a Followear, es decir, **se deja de seguir a un usuario en Twitter**. Sus Tweets no aparecerán más en tu Timeline.

Username: Es el nombre de cada usuario en Twitter. Siempre se muestra precedido por una @ y puede ser un nombre real, el nombre de tu marca...

9. Cómo elegir un buen nombre de usuario en Twitter para tu despacho de abogados

En Twitter cada día resulta más difícil conseguir registrar el nombre de usuario que queremos, y más si lo que se pretende es registrar nuestro nombre propio como nombre de usuario. Esto es debido a la gran cantidad de usuarios que hay en la red social y de los nuevos que se suman a diario. Si te encuentras ante este problema puedes utilizar herramientas como Tweexchange que te ayudarán a escoger y encontrar entre varias opciones similares a tu elección inicial.

En cualquier caso, y antes de poner un nombre de usuario tipo @tmrsprsy, que resulta incomprensible y muy difícil de recordar, hay varias opciones que puedes sopesar:

1.- El guión _ bajo.

Se puede usar nuestro nombre real en Twitter, o marca, separando el nombre de las iniciales de los apellidos (o del primer apellido), como por ejemplo @javier_hdez, o como hace @abogacia_es ó @Ed_Rasche.

2.- Juntando todo.

Nombre y apellidos en un mismo username. Si se juega bien con las letras se pueden conseguir muy buenos resultados y nombres de usuarios muy pegadizos sin perder el toque "personal", como @FGrau, @rtayar o @JMChia. @MGTrevijano, @DiezRomeo

3.- Tu marca/actividad.

Puedes hacer de tu actividad profesional o de tu marca parte de tu nombre de usuario; por un lado te identificarás mejor y además darás protagonismo a tus habilidades o a tu empresa. Por ejemplo:

@mundodelabogado, @AbogadoLaMota

4.- Tu blog es tu marca personal-profesional.

Es una de las opciones más extendidas, sobre todo porque te permiten precisamente eso, **crear "marca personal" alrededor de tu cuenta y de tu blog, permitiendo que ambos se complementen**. Ojo, no nos referimos aquí a cuentas "tipo feeds", que sólo twittean entradas del blog o del sitio web, sino a cuentas que son usadas diariamente de manera personal, a veces temática, pero siempre personal.

Podemos encontrar miles de ejemplos llamativos, como:
@SchoolLawBlog,

@Bloggingblogintralegem,

@CorpLawyerB entre otros...

5.- Me llamo... y soy de...

Identifica tu nombre de usuario con tu lugar de residencia o tu procedencia. Una buena manera de diferenciarte, y de reivindicarte en tu tierra. Añadir junto a tu nombre el lugar de donde eres o de donde twitteas, como por ejemplo han hecho @abogadomadrid

6.- Originalidad ante todo.

Quizás son, al menos para nosotros, los nombres de usuarios que mejor se quedan en la memoria. (véase @LicDice_, @mundodelabogado)

7.- No Suplantar identidades.

¡Este punto podríamos obviarlo! ¿Qué le vamos a contar a un abogado de esto que no sepa? **Utilizar nombres de usuarios que puedan hacer creer a los demás que somos otra persona, está prohibido por Twitter.** Tampoco está permitido comprar, ofertar o vender nombres de usuarios.

8.- No Utilizar Marcas Registradas.

También está contemplado en el Centro de ayuda de Twitter, y además suelen ser los casos en que más rápidamente se suspende una cuenta de Twitter.

9.- Juega con las mayúsculas.

Sin pasarnos, utilizar las mayúsculas en nuestro nombre de usuario, puede darle "ese toque" que le falta para que termine de agradarnos. Por ejemplo, aunque a efectos de Twitter de lo mismo, para el caso del bufete Diez Romeo Abogados, se lee mejor @DiezRomeo que @diezromeo si esto lo aplicamos a uno de los casos de nombre y apellido, el resultado será aún mejor.

10. Cómo registrarte en TWITTER

10.1 Accede a TWITTER: www.twitter.com

Cumplimenta los datos: a medida que vayamos rellenando estos datos, aparecerá un cartel a su lado indicándonos si son correctos y válidos (un OK con el fondo verde) o si no lo son (mensaje con fondo rojo).

A.-En primer lugar tu **nombre real**, que será visible en tu perfil y servirá para que tus conocidos te encuentren fácilmente y por tu nombre en Twitter.

B.-A continuación, debes poner tu **nombre de usuario**, es decir, tu "nombre en Twitter", el que utilizarán tus seguidores y el resto de usuarios para contactar contigo en Twitter. Recuerda y pon en práctica los consejos que acabamos de ver en el capítulo anterior.

C.-También debes introducir en el campo correspondiente tu contraseña de acceso, que será la que utilices para acceder al servicio siempre que te conectes o utilices algunas aplicaciones. Debe de ser lo suficientemente complicada para que nadie la pueda descifrar, pero lo suficientemente sencilla para que nunca la olvides. Nuestra recomendación es utilizar una combinación de palabra + números, o viceversa, que tan sólo tu sepas.

D.- En el campo del email debes introducir un email real, y tienes que saber que Twitter tan sólo permite una cuenta por cada email, es decir, podrás tener tantas cuentas de Twitter como cuentas de email dispongas...

Marcando la casilla que hay bajo el campo para el email, permitiremos que Twitter nos envíe las actualizaciones del servicio por email.

Únete a Twitter hoy.

Nombre completo

Roberto Espinosa   ✓ El nombre se ve genial.

Dirección de correo electrónico

robertoespinosa@robertoespinosa.es   ✓ Te enviaremos una confirmación por
                                                correo electrónico.
Crea una contraseña

•••••••••••••   ✓ ¡La contraseña es perfecta!

Escoge tu nombre de usuario

Robert0espinosa   El nombre de usuario está
                                              ✓ disponible.
Recomendaciones: Puedes cambiarlo después.

☑ Mantenerme conectado en esta computadora

Al hacer clic en el botón, estas manifestando estar de acuerdo con   Versiones imprimibles:
las condiciones descritas abajo: Condiciones de Servicio ·
                                                                       Política de Privacidad ·
Esta traducción se presenta solamente para su conveniencia. La   Política de Cookies

[Crear mi cuenta]

Nota: Otros podrán encontrarte por nombre, nombre de usuario o correo
electrónico. Tu correo electrónico no será mostrado públicamente.
Podrás cambiar tu configuración de privacidad en cualquier momento.

E.-Finalmente introducimos las palabras de verificación que aparezcan en el último campo para certificar que somos " humanos" y no robots, y clicamos sobre **Crear mi cuenta** para finalizar el primer paso del registro.

10.2 Crea tu cronología: busca a tus contactos

A continuación seremos dirigidos a una página donde, opcionalmente, Twitter nos ofrece la posibilidad de comprobar cuántos de nuestros contactos en el email ya tienen cuenta en el servicio. Es una buena forma de iniciar un primer contacto con nuestros clientes, partners, socios, colaboradores, colegas de profesión y amigos que ya se encuentren en Twitter:

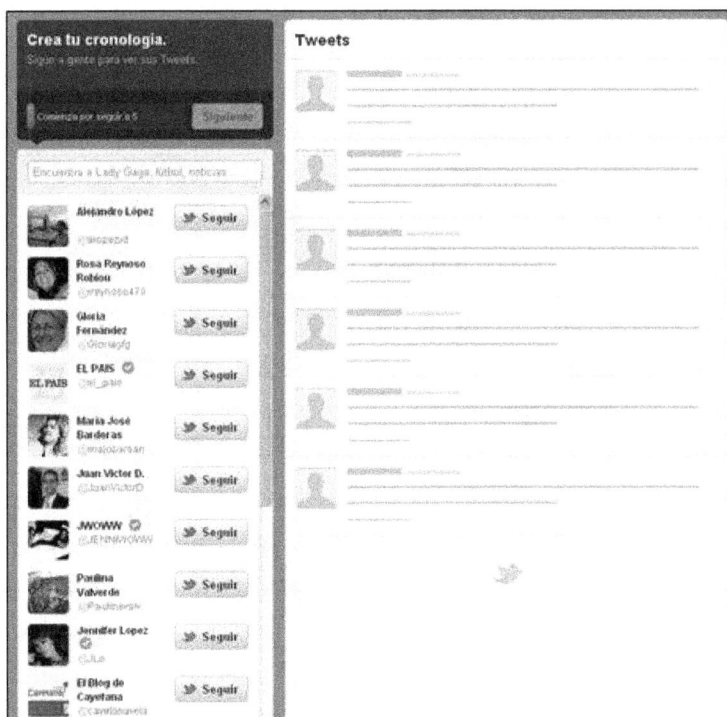

Después te pedirá que sigas a otras 5 cuentas, que no tienen
nada que ver con tus contactos

Después te da a elegir entre tus contactos de tus diferentes cuentas de correo electrónico

Podemos comprobarlo con nuestra cuenta de Gmail, Yahoo o Aol. También podemos "saltarnos" este paso pulsando sobre **"saltar este paso"** al final de la pantalla.

Si deseamos comprobar cuántos de nuestros contactos ya están en Twitter, introducimos nuestra cuenta de email en el primer campo, y **la contraseña de esa misma cuenta de email** en el segundo campo para acceder a nuestra cuenta de correo.

Después de que el sistema acceda a nuestro email y recupere las direcciones, se mostrará una pantalla donde se mostrarán nuestros contactos que ya poseen cuenta en Twitter. Demos seleccionar a **cuáles de ellos comenzaremos a seguir desde un primer momento en Twitter**. Tras ello, volvemos a clicar en **"Continuar/seguir"**.

3.- Ya estamos registrados

La última pantalla para finalizar el registro en Twitter es la siguiente:

Ahora solo tendrás que confirmar tu cuenta de Twitter. Para ello TWITTER te ha enviado un mail de verificación a tu cuenta. ¡Pincha sobre el enlace y listo!

10.3 Configura tu perfil

Una vez que ya te has registrado en Twitter, debes configurar tu página del perfil, para ello los pasos a dar son los siguientes:

1.-Accede a tu página de tu perfil público que tendrá un aspecto similar a este cuando ya lo tengas 100% cumplimentado como a continuación te vamos a indicar:

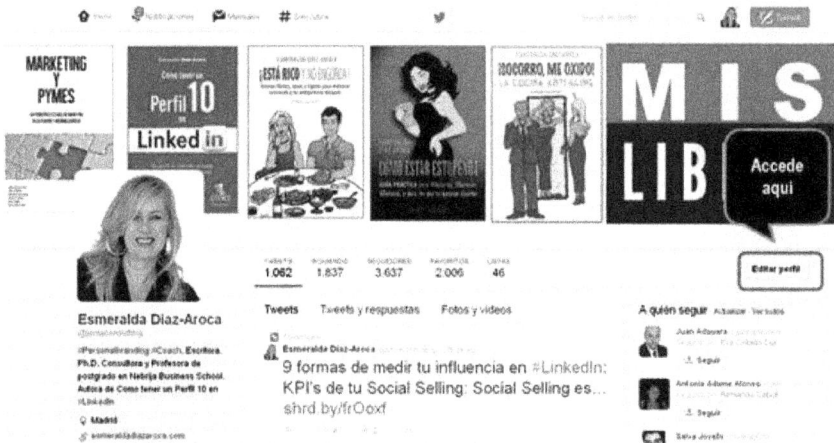

2.-Accede a la configuración de tu perfil, pulsando el botón "Edita tu perfil" y podrás incluir tu foto para el AVATAR, la foto del encabezado, tu descripción ó BIO y tu ubicación.

Selecciona una foto y súbela desde tu disco duro.

Cumplimenta los datos del nombre, ubicación, sitio web si tienes (web, blog, LinkedIn, etc.)

Tamaños de las fotografías:

Encabezado: Es aconsejable subir las imágenes a 1.500×1.500 píxeles, pero no os preocupéis si son más grandes, porque Twitter las redimensionará automáticamente para adaptarlas a la perfección. Incluso os permitirá editar vuestras fotos o jugar con los colores en tiempo real.

Avatar: tamaño recomendado es 400×400 píxeles.

10.4 Algunos ejemplos de perfiles de TWITTER de abogados

José Muelas
@josemuelas

Abogado. Circunstancialmente decano del Colegio de Abogados de Cartagena. Lo que escribo en twitter son opiniones estrictamente personales.

España · blog.josemuelas.org

rafael fontán tirado
@rafaelfontan TE SIGUE

Profesor de Derecho penal y Criminología en la UEM. Abogado penalista.

rafaelfontan.wordpress.com

Seguido por Guillermo Pérez, Universidad Europea, LuisJa Sánchez y 10 más.

Abogado Amigo
@AbogadoAmigo

TWEETS 21,2K   SIGUIENDO 3.235   SEGUIDORES 7.705   + Seguir

Solucionamos problemas. @jlpelaz Director. #Bufete de #Abogados #Civil #Mercantil #TICS #Startup Valencia, Madrid, Barcelona, Valladolid, Cartagena

Valencia (Spain) · abogadoamigo.com

Seguido por isidroperez, Carles Ferrer, kunfu_design y 100+ mas

Diez&Romeo Abogados
@DiezRomeo   TE SIGUE

TWEETS 24K   SIGUIENDO 715   SEGUIDORES 827   Siguiendo

Abogados expertos en Telecomunicaciones, Audiovisual, Tecnología y Juego. DERECHO Y TECNOLOGIA

MADRID · diezromeo.com

Seguido por Antonio Casals, S.Samblás Abogado, MktFan y 10 más

10.5 Configura tu cuenta

Para ello tienes que acceder al menú de configuración que está en la parte superior derecha, en el icono de tu avatar.

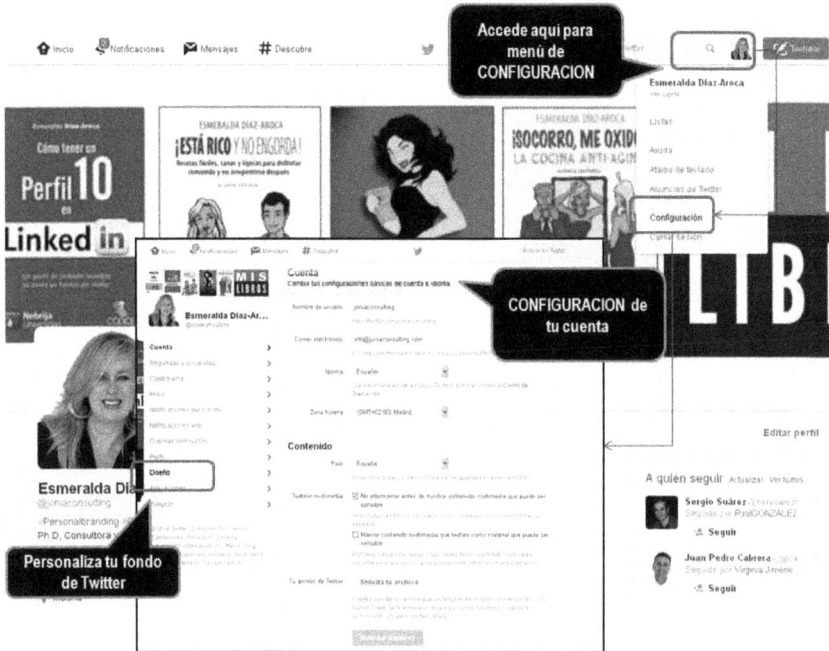

Una vez que hayas accedido, te aparecerá el siguiente menú:

Verás dos partes en la "pestaña" "Cuenta", una de parámetros de tu cuenta: nombre de usuario, correo electrónico asignado a tu cuenta, zona horaria, etc., y otra denominada "contenido" donde veras que puedes solicitar si lo deseas un archivo que contenga tu información, comenzando con tu primer Tweet. Se te enviará un enlace por correo electrónico cuando el archivo esté listo para ser descargado.

Desde el mismo menú de la izquierda, puedes acceder a la configuración de tu perfil y conectar si lo deseas tu cuenta de

Twitter con la de Facebook. También puedes modificar desde aquí tu foto, bio y encabezado:

10.5.1 Sobre la ubicación de tus Tweets:

La función de Tweets con Ubicación te permite añadir selectivamente tu información de ubicación en tus Tweets. **Esta función está desactivada al inicio en tu cuenta, y necesitas activarla para poder usarla**.

Una vez que has activado la opción:

• Podrás añadir tu información de ubicación a Tweets nuevos individuales en Twitter.com y vía otras aplicaciones o dispositivos móviles que dan soporte a esta opción.

• La información que se comparte públicamente será ya sea tu **ubicación exacta** (tus coordenadas) o tu **lugar** (como un barrio o ciudad).

Ponerle ubicación a tus Tweets puede darle contexto a tus mensajes y puede ayudar a unirte a la conversación local, donde quiera que estés.

Para ello accede desde el menú lateral y procede a configurar tu ubicación a través de la sección "Privacidad".

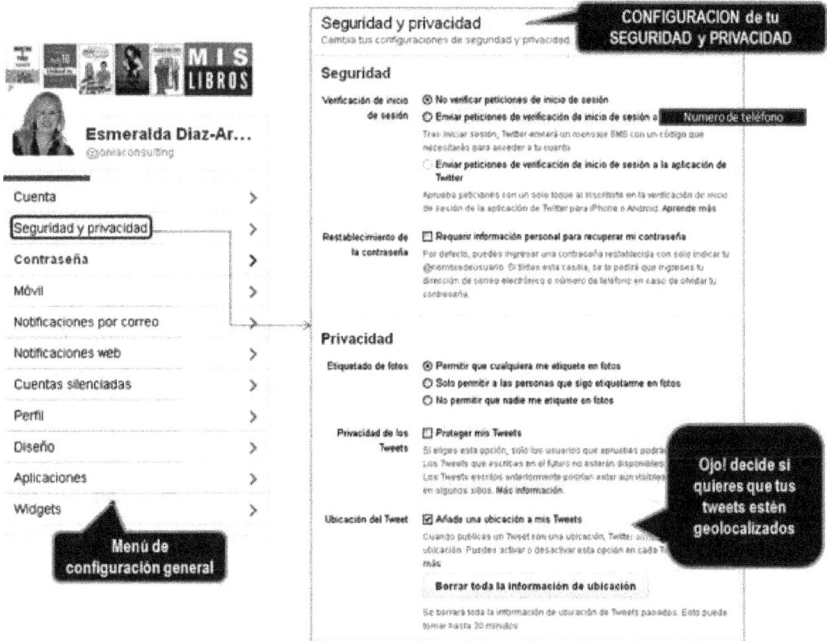

10.5.2 Tu privacidad y los Tweets con Ubicación

Es importante tener control sobre cómo y cuando se mostrará la información de ubicación. Ten esto en mente:

• Los Tweets con Ubicación están desactivados desde el inicio, y como usuario debes activar el servicio.

• Puedes desactivar los Tweets con Ubicación en cualquier momento, o eliminar tu ubicación antes de hacer tu Tweet.

• Puedes borrar todos los datos de ubicación pasados con un sólo clic.

• **Ten cuidado y precaución con la información que compartes online**. Puede haber algunas actualizaciones en las que quieres compartir tu ubicación ("La conferencia está comenzando" o "Nuestros abogados del área de comercio exterior fueron también partícipes de la sesión del @Incam_Abogados"), y en algunas actualizaciones vas a querer mantener tu ubicación privada. **Así como no publicarías en un Tweet la dirección de tu casa, ten cuidado cuando publicas tus coordenadas si no quieres que otros las vean.**

• Por favor familiarízate con las opciones generales de ubicación y las de cualquier aplicación o dispositivo que utilices con Twitter, para que siempre estés al tanto de la información que estás compartiendo.

• Recuerda: una vez que publicas algo online, muchos otros podrán verlo.

10.5.3 ¿Qué información de ubicación se muestra?

• Toda la información geográfica comienza con una ubicación exacta (longitud y latitud), la cuál es enviada desde tu navegador o tu teléfono.

• Twitter no mostrará ninguna información de localización a menos que hayas activado esta opción, y hayas permitido a teléfono o navegador transmitir tus coordenadas al servicio.

• Si has activado el servicio, los Tweets pueden ser anotados con la **localización exacta**, con un **lugar** (una ciudad o un barrio) o con **ambos** tipos de información.

• Para cada Tweet, mostraremos públicamente la información de ubicación que has elegido compartir. Por ejemplo, si haces un Tweet desde Twitter Móvil y has especificado que este Tweet debe mostrar tu ubicación exacta, estas coordinadas se podrán ver en Twitter.com, Twitter móvil y en las aplicaciones desarrolladas por terceros.

• Si eliges solamente compartir un lugar en general, esos Tweets sólo desplegarán la información general tal como el barrio o la ciudad.

• Los desarrolladores de aplicaciones deben ser transparentes y claros acerca de si mostrarán tus coordenadas exactas, o sólo un área general. Cuando hagas Tweets desde una aplicación de terceros o desde un móvil, debes estar claro sobre qué tipo de datos serán mostrados públicamente.

11. El nuevo diseño de Twitter: como sacarle partido

En abril de 2014 Twitter empezó a dar un giro completo en su look, aunque sin perder su esencia, parece inspirado en Facebook. Para los que no tenían activado su nuevo perfil, Twitter ofrecía la posibilidad de acceder a este enlace para ver como quedaría: https://about.twitter.com/es/products/new-profiles

La plataforma rediseñada nos proporciona ventajas que te invitamos a que las pongas en marcha:

11.1 Cambia tu portada y utilizarla como BANNER publicitario o promocional

Cambiar la portada te permite mostrar mensajes a través de imágenes y textos que te ayuden a potenciar tu branding ó que simplemente te identifiquen con algún hecho importante de ese día, mes o semana, por ejemplo, un congreso, conferencia, libro que hayas publicado, entrevista que te hayan hecho en la radio, etc.

Te recomendamos que prepares fotografías ó fotomontajes de 1500 x 1500 px. Que tengan buena calidad para que no salgan pixelados.

De todas formas, Twitter ofrece en Flickr una buena lista de ideas para las portadas. En este enlace podrás verlas:

https://www.flickr.com/photos/Twitteroffice/sets/72157643 560484885/

Mira en este ejemplo. La foto tiene que tener 1500 x 1500 px, pero la zona de visibilidad en el banner es la que señalamos en la imagen siguiente:

11.2 Cómo dar relevancia VISUAL a tus Tweets

Te da la posibilidad de destacar ciertos Tweets que consideres realmente importantes Por ejemplo, puedes destacar en tu Timeline noticias determinadas para que aparezcan en el inicio.

También puedes resaltar al final del día el mensaje con más Retweets o alguno que quizás no tuvo mucha audiencia, pero que merece su espacio.

En resumen, puedes destacar uno de tus mejores Tweets, un Tweet sobre un evento próximo, un anuncio, un Tweet que resuma uno de tus artículos.

Puedes también destaca un Tweet que cause emoción. No es ninguna tontería lo que estamos diciendo. "La felicidad nos hace querer compartir", reporta **un estudio de IPA Data Bank**. ¡Considera esta opción!

Utiliza imágenes y conseguirás mayor ratio de clicks.

Aunque te dará un poco más trabajo, merece la pena. Piensa a partir de ahora en presentar de forma más visual tus Tweets.

Ten en cuenta la nueva pestaña de "Favoritos".

Tanto el RT como el favorito son públicos. En el nuevo diseño aparecen muy destacados, tienen su propia pestaña. Puedes marcar como favoritos los mensajes de tus competidores, pero ten muy en cuenta que los verá todo el mundo.

Revisa y optimiza tu contenido audiovisual: tu objetivo es neurocomunicar.

Puedes chequear tu contenido audiovisual, mira por ejemplo: https://twitter.com/joniaconsulting/media

¡Utiliza VINE y sácale todo el jugo!

Vine es una potente herramienta de Twitter, utilízala y sácala todo el partido. Vine es una aplicación para grabar vídeo y te puede ayudar a sacar mayor provecho a tu despacho y a tu propia marca.

Vine te permite grabar **vídeos de hasta seis segundos**. Aunque parezca muy poco, te permite concentrar todo tu mensaje y centrarlo en lo importante. ¿Qué puedes transmitir en un vídeo de tan solo 6 segundos?

Aunque parezca mentira, se pueden hacer muchas cosas, por ejemplo, promocionar un nuevo servicio de tu bufete, anunciar cambios que vayas a llevar a cabo, comentar en formato tutorial algunos puntos de una nueva ley o proyecto de ley, consejos por "fascículos" sobre temáticas útiles para tus clientes y clientes potenciales, etc.

Aunque el tiempo es muy corto, piensa en la publicidad tradicional: pequeños anuncios de 10 segundos consigue captar más la atención de los espectadores que aquellos que llegan hasta los 30 segundos.

Además gracias a estos vídeos se crea mucha más interacción con los usuarios que con un simple anuncio de texto.

12. ¿Qué son los "Trend Topics"?

Los **Trending topics** son las **palabras clave** más usadas en un momento dado en Twitter. Las keywords de moda destacan la actualidad más relevante en la herramienta de microblogging.

Todo lo relacionado con Twitter está extremadamente *on* en estos días. Se está convirtiendo en habitual la herramienta ya no sólo de enseñar en el blog lo que uno dice en su Twitter, sino el botón "Tweet me" e incluso los Tweetbacks, igual que hasta ahora había los **Trackbacks.**[5]

También están llegando ya los Local Trends e incluso la publicidad, mediante Promoted Tweets

En el día a día, suelen ser convenciones de escritura para grandes eventos, #g20, #Fitur2014, cuando las elecciones de marzo. Pero también son simplemente palabras que en un momento dado se detectan como muy **nombradas**, por ejemplo #JusticiaAbierta. Esto sirve como pista para saber tanto si un tema se ha vuelto inesperadamente popular como para descubrir que ha pasado algo.

---

[5] El trackback es una función que permite saber al editor de un blog, qué páginas están enlazando a un determinado post.

12.1 Hay varios tipos de TREND TOPICS

Los temas del momento, a nivel mundial. Fíjate que en el lado derecho inferior de tu pantalla "Tendencias". Éstos son los trending topics a nivel GLOBAL. Las tendencias te ofrecen una forma única de acercarte a lo que te interesa. Estas se elaboran para ti basándose en tu ubicación y en aquellos a los que sigues.

Los trending topics nacionales, y locales. Puedes seleccionar también por países, ciudades y ver las tendencias en cada uno de ellos.

Puedes cambiarlas haciendo click en "cambiar" y veras que te aparece la siguiente pantalla:

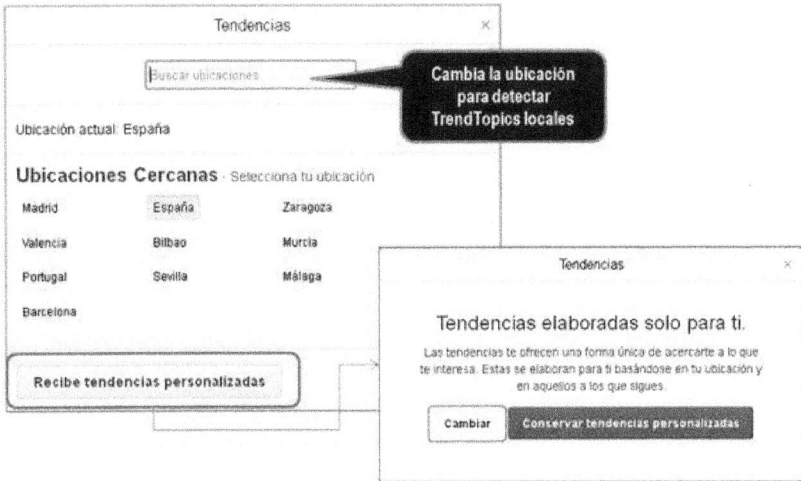

Si seleccionas España conocerás los trending topics españoles. Pero es más, si quieres puedes acotar aún más el proceso de filtrado y acceder sólo a los de una ciudad.

12.2 Herramientas para detectar estos trending topics:

Hashtags https://www.hashtags.org es una aplicación muy útil con la que podremos realizar búsquedas de *hashtags* a tiempo real, es decir, obtendremos como resultados los últimos *Tweets* generados y, además, una gráfica con la actividad asociada al *hashtag* (aunque actualmente esta función está en proceso de revisión y hace varias semanas que no funciona).

Trendsmap http://trendsmap.com es una de esas aplicaciones que todos deberíamos tener dentro de nuestra colección de favoritos. Con esta herramienta podremos realizar búsquedas de *trending topics* a nivel mundial o a nivel local y según la ubicación explorar los temas de interés y los *Tweets* de los usuarios que están participando en dicha conversación, además la aplicación distingue entre los temas que son ya *trending topics* y los que están a punto de serlo, permitiéndonos seguir de manera temprana aquellos temas que podrían despuntar con el paso del tiempo.

Twitter Search, el buscador de Twitter, donde debajo de la caja de búsquedas aparecen los trending topics más hot.

Whatthetrend http://whatthetrend.com

Ofrece los trend topics de los últimos 30 días de acuerdo con tu ubicación. Para ello, tienes que permitir que esta aplicación acceda a tu cuenta de Twitter.

Home   Add a Trend   Reports   Leaderboard   FAQ   Sign in with Twitter

What the Trend

Top Twitter Trends (Past 30 Days)

Rank	Trend	Top Position	First Appeared	Total time in top 10
1	#MTVStars	1	Nov 17, 18:31	10h 15m
2	#icantbreathe	1	Oct 07, 09:58	2h 0m
3	#PeshawarAttack	1	Dec 16, 16:50	1h 35m
4	#RubyPH	1	Dec 04, 09:50	1h 45m
5	#3YearsOf5SOS	1	Dec 02, 14:16	1h 25m
6	#TerriblesMisGanasDe	2	Dec 08, 14:46	1h 35m
7	#sydneysiege	1	Dec 15, 03:00	1h 10m
8	#ÖzgürBasınSusturulamaz	1	Dec 14, 08:05	1h 20m
9	#PeopleWhoMadeMy2014	1	Dec 13, 20:43	1h 20m
10	#WorstDateIn5Words	1	Dec 18, 05:25	1h 10m
11	#FergusonDecision	1	Nov 25, 01:45	1h 10m
12	#YaMeCansé	3	Nov 08, 01:25	1h 25m
13	#ResumeTuAñoEnTresPalabras	1	Dec 20, 14:25	1h 10m
14	#illridewithyou	1	Dec 15, 09:45	55m
15	Phil Hughes	1	Mar 22, 21:39	0m
16	#decemberwish	1	Dec 01, 09:05	0m
17	#LasReGanasDe	2	Nov 25, 01:45	0m
18	#1D4U	1	Nov 24, 15:12	50m
19	#2014In5Words	1	Dec 19, 05:16	45m
20	#RiverCampeon	1	May 18, 22:11	45m

13. Cómo leer a otros

Para leer los Tweets de otras personas a las que seguimos, nos vamos a "Seguidores" y hacemos click.

La pantalla nos mostrará las personas a las que seguimos en orden cronológico, es decir las últimas personas a las que hemos seguido aparecen las primeras.

Si tuviéramos interés en ver los Tweets de uno de los seguidores, por ejemplo del Presidente de la Abogacía Española D. Carlos Carnicer accederíamos directamente a su perfil:

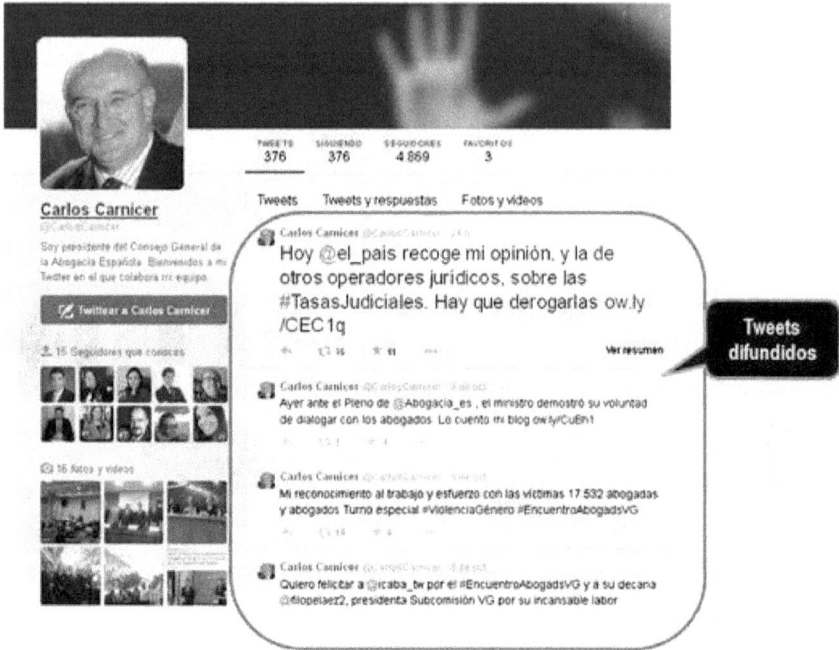

Si ahora queremos ver todos los Tweets del Time Line, donde aparecerán tanto los que nosotros hayamos difundido como los Tweets de las personas a las que seguimos tenemos que acceder por el menú "INICIO" y aparecerá una pantalla que solo el usuario puede ver, en la que en la parte izquierda se encuentran los datos del perfil y tendencias, en la parte central se encuentra el TIME LINE, en el que podremos ver los Tweets y Rts propios así como los de las personas que seguimos.

Acceso a "INICIO" para ir al time line

Pantalla EXCLUSIVA del usuario

Tweet "abierto" mostrando el archivo multimedia difundido

Time Line (Tweets y RTs de personas a las que se sigue, Tweets y RTs propios)

14. Cómo hacer que te lean en TWITTER

Es importante que tengas en cuenta lo siguiente, aunque parezca obvio, muchas veces no se tiene en cuenta:

1. Nunca publiques la URL sola de tu posts.

2. Jamás empieces el mensaje, publicando primero el enlace.

3. No publiques avalanchas de Tweets, puedes convertirte en spammer y lo más seguro es que la mayoría de los usuarios dejen de seguirte.

4. Publica el título del post o una buena síntesis del artículo que te permita resumir y transmitir exactamente el contenido del mismo. Sé claro y preciso.

5. Puedes comentar sintéticamente algún beneficio que implicaría hacer clic en el enlace publicado o ver ese video o escuchar ese podcast.

6. Comparte información que sea de utilidad o interesante. Evita enlazar información o contenido que no aporten nada a la conversación.

7. Utiliza contenido multimedia, es siempre mejor acogido y aumenta considerablemente la probabilidad de click y RT, porque neurocomunica mejor.

15. ¿Qué son los acortadores de URL's?

La cantidad de información que reside en **Internet es tan grande** que las direcciones web se han tornado infinitamente largas y difíciles de recordar.

Para solucionar este problema, se crearon los acortadores de URL (Uniform Resource Locator, o Localizador Uniforme de Recursos... en fácil: el número de pedido en la gran biblioteca llamada Internet).

Con la llegada de los SMS y las plataformas de redes sociales como **Twitter o Identi.ca**, que soportan hasta 140 caracteres por mensaje, se hizo necesario crear un sistema para poder adjuntar un link en el menor espacio posible. Así fue como nacieron estas herramientas web con el primero de estos servicios: tinyurl.com

La ventaja de estos acortadores es que **permiten que largas direcciones pasen a reducirse hasta en un 90%,** dejando atrás esas poco estéticas e incómodas direcciones web.

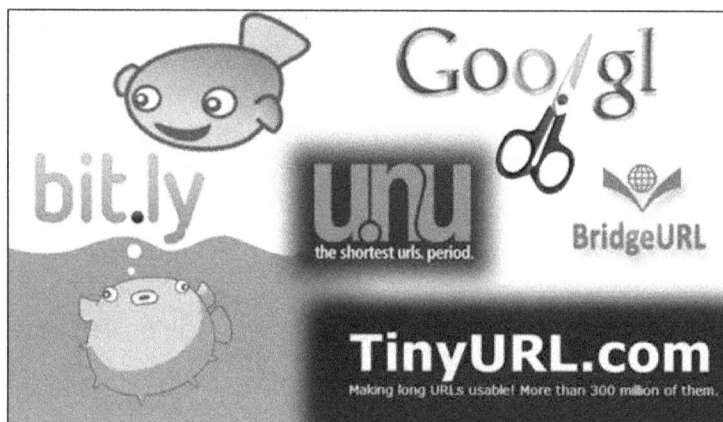

¿Pero, cómo funcionan?

Básicamente, los acortadores de URL funcionan en base a una clave primaria asociada a un dominio de nivel superior. Esto significa que **cada dirección acortada pertenece a una sola web publicada en la red** y equivale a su número de identificación personal.

La principal técnica para generar estas nuevas URL se llama "de base 36", asumiendo que se usarán combinaciones de 26 letras del alfabeto occidental y 10 números del 0 al 9.

La manera de generar estas nuevas URL es simplemente de forma aleatoria. El usuario ingresa la URL completa y el sistema le asigna una URL corta, en algunos casos personalizable.

Aunque los servicios de acortadores de URL son muy convenientes, también pueden producir problemas. **Las URL cortas son mucho más propensas a ser mal linkeadas** (la gente, por error, suele borrar una letra o escribir una en minúscula en lugar de mayúscula, etc).

Por otra parte, las URL cortas esconden el destino al que dirige el link, por lo que **resulta más fácil ser víctimas de estafas** o ser redireccionado a sitios web con contenidos ingratos. Sin embargo esto ha sido mejorado con el tiempo y muchos de los servicios actuales permiten previsualizar el contenido del link antes de pincharlo.

bit.ly es tal vez el más popular en la actualidad. Ofrece la posibilidad de utilizarlo directamente a través de su sitio web, por medio de extensiones en el navegador (como Google Chrome o Mozilla Firefox), dispositivos móviles y también clientes de redes sociales (software para publicar en Facebook, Twitter y otras redes). Es totalmente gratuito e incluso entrega reportes de las métricas web de los links que acortas.

x.co es uno de los más nuevos. Pertenece a Go Daddy, empresa estadounidense que vende dominios en Internet y su punto fuerte es ser uno de los acortadores con dirección más reducida en la web. Dentro de los beneficios que agrega, está la generación de un código QR (cuadrados de color negro y blanco que puedes escanear con tu teléfono móvil) y, si te creas una cuenta, te permite observar métricas detalladas.

goo.gl del gigante Google ofrece las mismas características que todos los anteriores, pero le agrega métricas típicas de Google Analytics como país de acceso, tipo de navegador y plataforma. Además, permite seleccionar los períodos de consulta de la forma que el usuario estime conveniente.

Google url shortener

Paste your long URL here:

http://onsoftware.softonic.com/guia-uso-tw Shorten http://goo.gl/...

All goo.gl URLs and click analytics are public and can be shared by anyone.

Clicks for the past: two hours | day | **week** | month | all time

	Long URL	Short URL	Created	Clicks	
	onsoftware.softonic.com/guia-uso-twitter-1	goo.gl/WMTBX	seconds ago	0	Details »

Hide URL Hidden URLs remain public, but are permanently removed from your dashboard. Page 1 of 1

ow.ly es otro de los clásicos de la web y está asociado a **HootSuite**, el cliente web de redes sociales. Una de sus ventajas es que no requiere de una cumplimentación de formulario para abrir una cuenta porque se conecta a través de tu perfil de Twitter. Además, si quieres acortar direcciones a través de su web, te pedirá un código de verificación, con lo que impide que bots usen el servicio de manera indiscriminada.

cli.gs, junto con todas las bondades de los anteriores, permite descargar las estadísticas de tus clicks en un archivo CVS, de manera que los puedas almacenar en tu propio ordenador. También deja que los marques como favoritos y que hasta crees una página con ellos.

16. Cómo enviar enlaces en un Tweet

Una importante proporción de los Tweets que se envían incluyen uno o más enlaces a páginas web, artículos, noticias, etc. Estos enlaces pueden ser largos, y por lo tanto difíciles de acomodar dentro del límite de 140 caracteres. En el ejemplo siguiente lo vemos:

Es importante, sobre todo si queremos añadir algún comentario más al Tweet, utilizar Acortadores. Veamos cómo hacerlo con el mismo ejemplo:

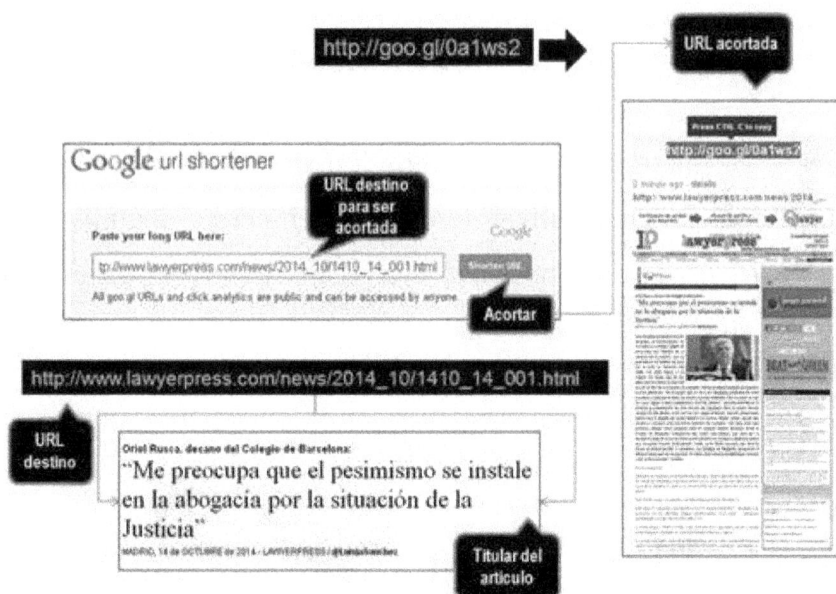

En este ejemplo hemos utilizado el acortador de Google. Utilizar los acortadores para Twittear desde fuera de Twitter da trabajo, pues implica seleccionar el enlace original, copiarlo, pegarlo en el sitio del acortador, acortarlo, seleccionar el url corto generado, copiarlo y pegarlo en el recuadro donde escribe el Tweet.

Como veremos más adelante, existen "clientes" para Twitter que hacen esto mucho más sencillo y directo.

Utilizar acortadores para enviar enlaces tiene un beneficio adicional. Si crea una cuenta con ellos (gratis) podrá consultar las estadísticas de cuantas veces han visitado dicho enlace – algo bien interesante para quienes quieren medir el alcance de sus recomendaciones.

17. Cómo usar TWITTER como un buscador

A día de hoy los buscadores más conocidos son Google, Yahoo y Bing, y si nos centramos en España Google es el más usado con una cuota de mercado del 94%, pero ¿se mantendrá esto en un futuro cercano?

El **buscador de Twitter cada día es más usado por los Twitteros** y no es de extrañar que en **los próximos años le quite una importante cuota de mercado a Google**, lo que todavía deja más a la vista la importancia de que los profesionales y las empresas cuenten con un perfil corporativo en Twitter desde donde comunicarse con sus clientes.

Podemos usar la opción de búsqueda avanzada de Twitter accediendo a través del siguiente enlace siempre que estemos usando nuestra cuenta de Twitter. Vamos a buscar la palabra clave "custodia compartida":

Otro ejemplo, si realizamos la búsqueda "Abogados Madrid" y los resultados mostrados son relevantes, es decir, probablemente si busco un abogado en Madrid, los resultados de Twitter me ayudarán a encontrar el que más se adapte a lo que necesito:

Como puedes ver pasamos de una búsqueda artificial a una búsqueda social, donde son las propias personas quienes nos dan información sobre aquello que buscamos.

•••   Resultados de **abogados madrid**   Guardar

Destacados / **Todos**

ENRIQUE SANCHEZ @ensata 25 min
Colegio **Abogados Madrid**(ICAM) 2012 **Abogados** que han ejercido el voto
8.998,ejercientes 7.746 y 1.254 no ejercientes.Participación 13,94%
Abrir   ↩ Responder ↻ Retwittear ★ Favorito ••• Más

ICaCe @colorae 3 h
Mesa de firmas para #AvalaPodemos en la presentación de @PodemosDiscap
ahora Centro de **Abogados** de Atocha, c/ Sebastián Herrera, 14 **Madrid**
Abrir   ↩ Responder ↻ Retwittear ★ Favorito ••• Más

Marius Vili Sarbu @MariusViliSarbu 3 h
Sarbu **Abogados** tiene aplicación en los móviles! Descarga tu aplicación aquí
Sarbu **Abogados Madrid** si Sarbu... fb.me/35ZRbIXm6
Abrir   ↩ Responder ↻ Retwittear ★ Favorito ••• Más

Abogados de empresas @AbogadosMadrid 5 h
#AhorrosFiscales de GrwTax&Law is out! paper.li/abogadosmadrid
Abrir   ↩ Responder ↻ Retwittear ★ Favorito ••• Más

PepaCampillos @PepaCampillos 6 h
Esto que te llevan de cumpleaños con 40 **abogados** en **Madrid** y en el jardín
descubres esto. Alegoría de justicia lenta? pic.twitter.com/JSutiHN6N1
📷 Ver foto   ↩ Responder ↻ Retwittear ★ Favorito ••• Más

ESADE MástersDerecho @ESADE_Derecho 6 h
El martes en ESADE **Madrid** analizaremos la fijación de precios en los
despachos de #abogados como elemento estratégico esade.me/1j3mPfi
Abrir   ↩ Responder ↻ Retwittear ★ Favorito ••• Más

websjuridicas @websjuridicas 7 h
Otro despacho se nos une : Gutierrez de la Roza **Abogados** is.gd/4aTZa8
#**Abogados** #Concursal #**Madrid** #Mercantil
Abrir   ↩ Responder ↻ Retwittear ★ Favorito ••• Más

InmobiliariaBarreras @RBarreras 7 h
Oficinas España **Madrid**. Oficina economica en alquiler **Madrid** Chamartin
Calle Infanta Mercedes oficinasmadrid.blogspot.com/2014/04/oficin... ideal
#abogados
Abrir   ↩ Responder ↻ Retwittear ★ Favorito ••• Más

websjuridicas @websjuridicas 8 h
Otro despacho se nos une : G. Elías y Muñoz **Abogados** en **Madrid**
is.gd/9rJlNy #**Abogados** #**Madrid**
Abrir   ↩ Responder ↻ Retwittear ★ Favorito ••• Más

Abogados de empresas @AbogadosMadrid 9 h
Nueve empresas españolas que debutan en el mercado de deuda y pagan
hasta el 7,5% j mp/1q6UBD via @5dias
Abrir   ↩ Responder ↻ Retwittear ★ Favorito ••• Más

18. ¿Qué es un hashtag?

Se llama hashtag en Twitter a una palabra que va precedida del símbolo #. Dependiendo del país, este símbolo # puede ser conocido como numeral, almohadilla e incluso "gato".

18.1 ¿Para qué se usan los hashtags?

Los hashtags permiten diferenciar, destacar y agrupar una palabra o "tópic" especifico en esta red social. Se utilizan para unificar información y es tremendamente útil, no solo para seguir temáticas y publicaciones de otros sino para organizar y clasificar nuestras propias publicaciones..

Imagina por ejemplo que estás buscando en Twitter las últimas noticias acerca de las **Tasas Judiciales, Ley de Tasas**... Para ello, podrías hacer una búsqueda sencilla escribiendo en el buscador de Twitter **"Ley de Tasas"**. Con ello obtendrás un gran número de resultados, pero también cualquier Tweet que incluya esas dos palabras, como el de alguien que comente "He pagado mis **tasas** cumpliendo la **ley**".

Para evitar este problema se utiliza el símbolo #. Al buscar el hashtag **#TasasJudiciales** te asegurarás de que los resultados sean relevantes para tu búsqueda.

Hashtag

Resultados de #TasasJudiciales Guardar

Destacados / Todo

Acuña Abogados @acuna_abogados · 1 h
Trabajadores y funcionarios están exentos de #tasasjudiciales en 1ª instancia en defensa de sus derechos. ¿Por qué los Soldados no?
Abrir

Ion Escribano @IonEscribanoSer · 2 h
Devolución 60% de #Tasasjudiciales en caso de allanamiento o acuerdo extrajudicial que ponga fin al litigio. Art.8.5 Ley 10/2012 #abogados
Abrir

Mayka Bellido @moonment · 2 h
La Justicia es, con #TasasJudiciales , menos justicia, menos para tod@s.
Abrir

Siguen a Pablo Coraje y otros 9
Antonio Fdez @afdezrincon · 3 h
¡OJO! La quieren volver a colar: "@veronicadelcarp: #TasasJudiciales.Has leído bien. "Ajustar" es SUBIR. "
Ver foto

Siguen a german benedetti y otros 9
Verónica del Carpio @veronicadelcarp · 3 h
El Ministro de Justicia Sr. #Catalá propone ELEVAR #TasasJudiciales.

Has leído bien. "Ajustar" es SUBIR.
Ver foto

Los **hashtags se usan también para obtener resultados de búsqueda** dentro de Twitter. Al hacer clic en Twitter sobre un hashtag es posible obtener como resultado Tweets similares que usen el mismo término.

Según el mismo ejemplo anterior, si haces clic en una actualización que use el hashtag #TasasJudiciales, obtendrás como resultado una lista con todos aquellos Tweets que hayan sido escritos por diversas personas y que incluyan el mismo hashtag #TasasJudiciales.

Esta posibilidad de agrupar palabras es muy útil para los usuarios de Twitter, ya que permite obtener resultados de manera muy rápida y bajo un mismo tema.

Los **hashtags también sirven para ahorrar espacio en Twitter** cuando un término popular usa muchas letras. Ya que cada mensaje de Twitter puede tener un máximo de 140 caracteres, un hashtag puede ayudar a acortar un mensaje reduciendo un término popular de varias palabras en tan solo unas pocas letras.

Popularidad de los hashtags

Dependiendo de su popularidad, los hashtags pueden pasar a formar parte de los temas del momento en Twitter, conocidos en inglés como *trending topics*. Estos aparecen destacados tanto en el sitio web de Twitter como en las diversas aplicaciones existentes para teléfonos móviles.

Son muchos los hashtags que se convierten en temas del momento debido a la popularidad que alcanzan en apenas algunas horas. Por esta razón, han surgido sitios que se encargan de descubrir y clasificar los hashtags más populares del momento en diferentes lugares alrededor del mundo.

Uno de esos sitios ya lo hemos comentado es What The Trend, que permite a los usuarios ver los diferentes temas que se hacen populares alrededor del mundo, además de permitirles editar sus detalles para clarificar por qué se están convirtiendo en temas populares.

Otro sitio que también mencionamos es Hashtags.org, también permite ver etiquetas populares que circulan alrededor del mundo y los nombres de usuarios que las usan, además de otros detalles.

18.2 ¿Para qué puede ser útil un hashtag?

• **Ayuda a darle visibilidad a tu Tweet**. Al mandar un nuevo mensaje y agregar un hashtag, puedes hacer que tu contenido sea visto más allá de tu red de contactos y llegue a las personas que siguen ese tema incluido en el hashtag. Además podrías conseguir seguidores si tu contenido es interesante. Ejemplo: mandas un mensaje con los hashtags #CustodiaCompartida #Abogado y #España, éste puede llegar a posibles clientes que sigan este tema.

• **Conferencias y eventos**. Puedes dar seguimiento al avance y lo que está sucediendo, ya que tanto el organizador como los participantes estarán enviando actualizaciones de lo que está aconteciendo y podrás estar enterado de forma remota. Ejemplo: #EncuentroAbogadsVG #Badajoz

• **Dar seguimiento a una campaña**. Te puede ayudar a saber qué tanta fuerza está tomando un movimiento ya sea social o comercial. Ejemplo:

#TasasJudiciales #ViolenciadeGénero

• **Ampliar conocimiento sobre un tema ó simplemente estar al día**. Los hashtags pueden facilitar a los usuarios, la posibilidad de encontrar temas específicos y conocer qué es lo que se está comentando sobre ellos. Ejemplo: #juridico, #abogados #justiciagratuita

• **Noticias**. Buscando los hashtags apropiados puedes estar enterado de las novedades de un caso que tengas interés en seguir. Saber qué sucede con un artista, con tu ciudad, una emergencia, un desastre, etc. Ejemplos:

#STOPUtilizaciónTeresaRomero

#DerechoIntimidad

#RESPETO

• **Para los despachos de abogados**. Crear algunos hashtags que generen interés en la comunidad e interactuar a través de ellos para tener presencia en las redes sociales, siempre y cuando su contenido sea de valor y no traten de estar vendiendo sino más bien ofrezcan beneficios. Ejemplo: #ciberseguridad #consejos, #proteccciondatos.

18.3 Hashtags para comunicar ideas

Son diversas las marcas, organizaciones y campañas tanto publicitarias como sociales que hoy incluyen hashtags en su comunicación. Su objetivo es valerse de esta red social para generar más publicidad mediante la promoción de otros usuarios sobre un determinado hashtag. Además como hemos mencionado anteriormente los hashtags agrupan los comentarios acerca del producto, servicio o la idea promovida, lo que permite encontrar todos los Tweets que se han realizado sobre dicho hashtag:

#stoptasasjudiciales

#IndependenciaJudicial

#JusticiaConMedios

#JusticiaGratuita

18.4 Uso fuera de Twitter

Es tal la popularidad de los hashtags que han llegado a sobrepasar la red donde fueron creados. Actualmente se pueden utilizar en la mayoría de redes sociales, como por ejemplo en Google+, LinkedIn, Instagram, Tumblr, Pinterest, Facebook, etc.

Muchas personas también los usan en sus conversaciones escritas, ya sea emails, blogs o artículos. La idea es remarcar una idea, comentario, observación humorística o incluso como un contrasentido, ironizando sobre lo que se ha escrito.

Los hashtags permiten sacarle un mejor partido a esta red social. Comienza a usarlos en tu cuenta de Twitter, utilízalos con confianza para comunicar y para mantenerte actualizado acerca de los temas que te interesan.

19. Consejos para mejorar tu Bio en Twitter y conseguir más seguidores

#1. Proporcionar una biografía descriptiva en 160 caracteres.

Una de las cosas que más le gusta hacer a los usuarios de Twitter es ver la Bio de sus seguidores y ver las Bios de quienes le siguen. Si la biografía no está completa o no es muy descriptiva, quizás se esté perdiendo potenciales seguidores.

Existen 160 caracteres lo mejor es aprovecharlos todos.

Te mostramos 3 ejemplos de BIOS de tres abogados con mucha presencia en Twiter:

#2. Añadir la imagen al perfil.

Si tu cuenta de Twitter no es utilizada como imagen de tu bufete, entonces no lo dudes, coloca tu foto. En muchos casos los seguidores lo hacen por la foto existente en tu perfil "porque les cae bien tu foto".

La gente quiere conectarse con gente NO con AVATARES. Lo peor que puedes hacer es no poner ninguna foto en tu perfil.

Anímate, esto aumenta tu imagen de credibilidad en las Redes Sociales!

Sugerencia: si posees un sitio o blog lo puedes agregar a la imagen para que se difunda con la foto!

#3. Utiliza tu nombre real

Esto es muy importante por dos motivos. Uno de ellos es para la gestión de la reputación, especialmente si tu nombre es la marca comercial. Además, si se está representando a una marca, tener un nombre detrás de la marca permitirá a la gente contactarse con la empresa a un nivel más personal.

Además existen buscadores que ya permiten encontrarte por nombre y apellido en la cuenta de Twitter. Uno de ellos puede ser LocalFollow.

#4. Colocar tu ubicación, donde vives... es muy importante

Simplemente no poner "**Entre los campos de Castilla**" o "**En el mundo**". Hay un montón de oportunidades para contactar con otros **profesionales de tu localidad**, para la creación de redes que de otro modo no podría hacerse.

#5. Coloca la URL de tu web, sitio personal o de negocios

Si actualmente no tienes página web, entonces te sugerimos que comiences a crearte una, mientras tanto puedes colocar el enlace a uno de tus otros perfiles de redes sociales (es decir, **LinkedIn**, **Facebook**, etc.). Esto permitirá a las personas averiguar más acerca de tu marca personal, su empresa, o tus intereses.

20. Cómo promocionar tu cuenta de
TWITTER

Una forma sencilla de promocionarte en Twitter y sin generar malestar en los usuarios del servicio de microbloging, es publicar tu cuenta en directorios que se especializan exclusivamente en el servicio del pajarito azul.

Decimos generar malestar por el uso de tácticas que puedan llegar a que un usuario te denuncie por spammer o también que sea el motivo de que varios lleguen a tomar la medida extrema de bloquear tu cuenta.

En Twitter no se trata de ganar followers a lo loco, ya que si uno quiere lo puede lograr en seguida sin tantos problemas, pero ¿qué tipo de seguidores conseguiríamos? la respuesta es simple, muchos que nunca nos leerán.

Lo importante, si es que queremos promocionar nuestra cuenta ligada a nuestro blog, a nuestra empresa, organización, etc. es lograr que nuestros seguidores nos lean y la mejor manera es entregándoles buenos contenidos. Pero también para que nos lean debemos de darnos a conocer y los directorios son una herramienta muy útil para ello.

Existen varios directorios:

WeFollow

Este directorio fue creado por uno de los fundadores de Digg, Kevin Rose. Utiliza etiquetas para definir a los usuarios de Twitter y para eso, cuando se suscriben tienen que elegir cinco etiquetas que los representen.

ChirpCity

En este directorio de Tweets que incluyen nombres de ciudades de todo el mundo, solo hay que hacer lo siguiente: envía un Tweet que incluya el nombre de tu ciudad y automáticamente aparecerás allí.

Twibs

Directorio que sirve para promocionar cuentas que utilizan Twitter como medio de difusión.

21. Cómo conseguir más clicks en los enlaces de twitter

Twitter es sin duda una excelente herramienta de difusión de contenido y sin duda un buen aliado dentro de una estrategia de personal-profesional branding. La forma de difundir el contenido en Twitter es importante ya que de ello dependerá el éxito de los Retweets, clicks sobre los enlaces twiteados y en definitiva el alcance.

Dan Zarrella, especialista en analizar casi de forma científica los resultados y comportamiento de la difusión de contenidos en los medios sociales ha realizado un interesantísimo estudio que bien merece la pena que lo tengamos en cuenta sobre todo para optimizar el porcentaje de clics (CTR) de los enlaces que vamos a twitear.

Dan calculó los CTR como el número de clics en un enlace twitteado, dividido por el número de seguidores de la cuenta cuando tuiteó ese enlace.

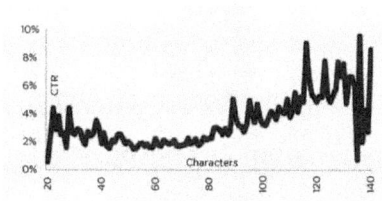

Sus conclusiones para conseguirlo son:

- Lanzar Tweets entre 120 y 130 caracteres
- Colocar el enlace sobre el 25% de la longitud del Tweet

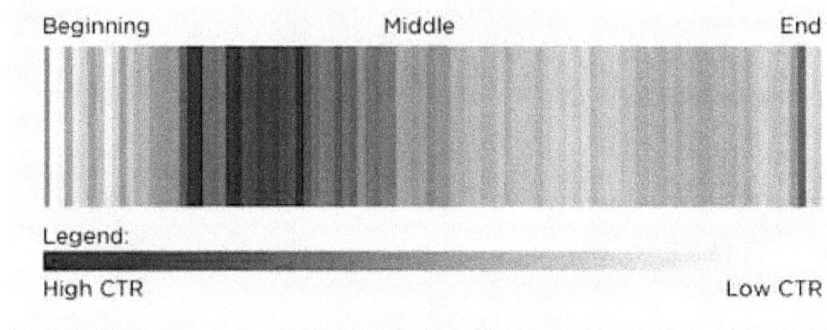

- Lánzalos a un ritmo lento
- Utilizar en el Tweet palabras como "vía", "rt", "por favor", etc. aumentan los clicks
- La frase con más impacto la consigue paper.li con su famoso "daily is out"
- Usa verbos y adverbios antes que nombres y adjetivos
- Hay más impacto twitteando Viernes, Sábado y Domingo
- Es más efectivo Twittear por la tarde/noche

Ver artículo:

http://www.esmeraldadiazaroca.com/2013/08/como-tener-mas-clicks-twitter-personal-branding.html

22. Cómo ahorrar tiempo en TWITTER

¿Te gustaría poder dedicar más tiempo a tu cuenta de Twitter para ganar seguidores y estar más presente? 6 herramientas con las que ahorraremos tiempo y mejoraremos nuestra estrategia en el microblogging.

1. **Tweroid** te dice cuál es el mejor momento de publicación en tu timeline de Twitter. También te permite analizar en qué momento puedes tener más followers online y por lo tanto aumentar las posibilidades de impacto.

2. **14Blocks** es otra aplicación que hace el estudio de toda tu actividad en una semana para determinar cuáles son las dos mejores horas para publicar contenidos en Twitter cada día.

3. Una vez que sabemos cuáles son las mejores horas para publicar, podemos **organizar los momentos de publicación** con la herramienta Buffer y así programarlo todo con la herramienta Buffer. Se puede conectar Tweroid con Buffer.

4. Con **SocialBro** podrás **gestionar tu comunidad en Twitter**. Puedes filtrar a tus followers y amigos por palabras

clave, por uso horario, por perfil, por cuando es la última vez que han twitteado, por volumen de Tweets... Y por supuesto ver quién te ha desfolloweado y quienes te han seguido recientemente.

5. Una vez que ya tienes todo el análisis hecho, **puedes gestionar la programación de Tweets** a través de Buffer, y combinarlo con la herramienta IFTTT.

6. Por último y para tenerlo todo organizado, la herramienta **Pocket** te ayuda a **organizar todos los Tweets** que quieras leer con posterioridad y así no perderte nada importante.

23. Las listas de Twitter. Cómo crearlas

Uno de los problemas "comunes" de Twitter es perderse entre tantos Tweets...

Por ejemplo, si tienes 100 seguidores, ya puedes darte cuenta de la dificultad de escoger buenos Tweets entre la cantidad de Tweets que llegan a tu cuenta. ¿Cómo hacen entonces aquellos que tienen 1000 seguidores, y sobre todo aquellos que siguen a 10 000 personas?

La respuesta está en las listas de Twitter, función que fue lanzada hace unos años por Twitter para ayudarnos a resolver estos problemas.

1.-Creando listas:

Haz clic en el botón **"Crear nueva lista"** y se abrirá una ventana donde deberás introducir el nombre de tu nueva lista y seleccionar si deseas que sea una lista **pública o privada**.

La diferencia entre crear una lista pública o privada, radica en que en el segundo caso esta lista sólo será visible para ti. Es decir, sólo se podrá acceder a ella desde tu perfil de Twitter estando logueado con tu nombre de usuario y contraseña.

Las **listas públicas** serán accesibles desde cualquier cuenta y cualquier usuario podrá seguirlas.

Pulsamos en **"Crear lista"** en la ventana modal y podremos empezar a añadir usuarios a nuestra lista que se creará en la dirección: http://twitter.com/usuario/nombre lista

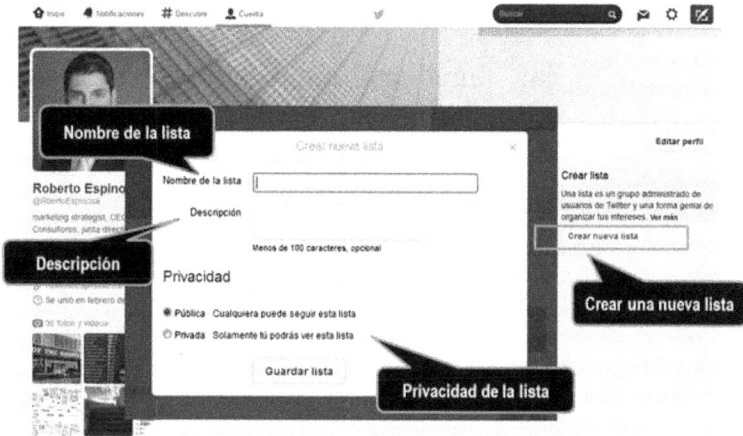

Creamos una lista, por ejemplo "Revistas jurídicas"

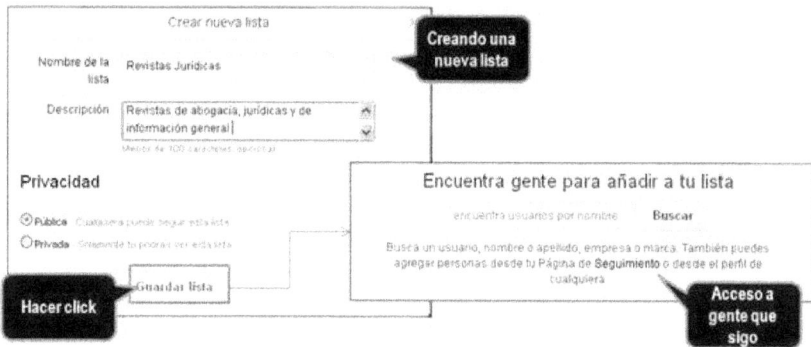

2.-Añadiendo usuarios:

La primera vez que creemos una lista, tenemos la posibilidad de acceder a los usuarios de Twitter que nos interesen a través de la página de "seguimiento" que nos lleva directamente a las personas que seguimos y desde ahí podemos ir agregando a la lista creada

Para agregar, es muy sencillo, nos situamos sobre el contacto de Twitter a agregar, accedemos al icono de la "ruedecita" y veremos un menú que se despliega. Pulsamos en Añadir ó quitar de las listas, y señalamos la lista en la que deseamos incluir a este contacto.

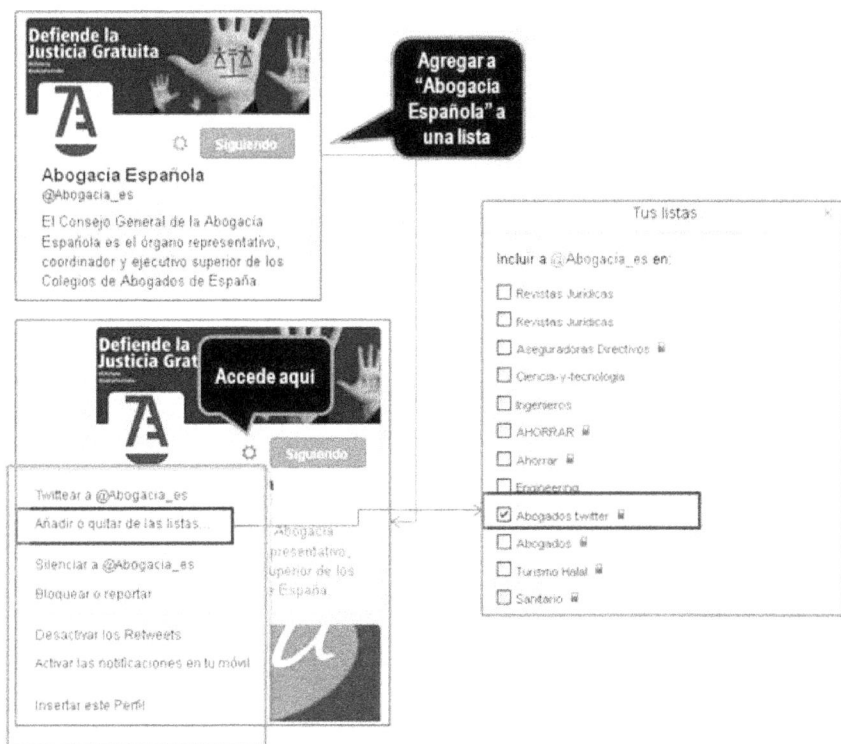

3.-Administrando las listas:

Puedes eliminar listas también si lo deseas, para ello accede de nuevo al menú de listas y selecciona la lista en cuestión, y una vez que la hayas abierto, tienes dos opciones EDITAR (para modificar descripción, nombre, privacidad) ó ELIMINAR.

Puedes también ver que listas tienen otros usuarios y si te interesa, puedes seguirlas mediante SUSCRIPCIÓN:

Una vez que tenemos nuestras listas confeccionadas, si pulsamos sobre una de las listas, **aparecerán en nuestro timeline únicamente los Tweets de los usuarios incluidos en dicha lista**. Es importante resaltar que no es necesario seguir a un contacto para tenerlo en una lista.

Pulsando sobre el nombre de cada lista accederás al listado completo de Tweets de los usuarios que componen dicha lista y además podrás administrarla (si tú eres el creador, claro).

Desde aquí podemos ver de nuevo la cantidad de usuarios a los que seguimos desde la lista (y sus avatares) y la cantidad de usuarios que la siguen. Además, en la parte superior derecha podemos verificar la autoría de la lista y, si la hemos creado nosotros, editarla (volverá a salir la ventana modal del principio) o borrarla.

Clicando sobre **"Miembros de la lista"** accederemos a una nueva página donde se muestran cada uno de los miembros.

También podemos clickear sobre "Lista de suscriptores" para ver cuántas personas se han suscrito a esa lista.

23.1 Razones por las que deberías tratar de aparecer en el mayor número posible de listas

Dando la vuelta a la tortilla, **existen también muchas razones por las cuales es bueno que aparezcas en listas de terceros** y las cuales son en gran medida consecuencia de lo que he comentado en la lista de ventajas anterior.

• **Mejoras tu visibilidad y la credibilidad en tu nicho**.

• Figurar en muchas listas de terceros **facilitará muchísimo que otras personas te encuentren** y que aumentes de una manera "natural" de número de seguidores y seas capaz de crear una comunidad de calidad y no una comunidad artificial "basura" como las que son fruto de comprar seguidores, por ejemplo.

• **Aumenta mucho las probabilidades de que te sigan**. Este punto no es repetición del anterior, sino que con él queremos incidir en el hecho de si alguien te encuentra en una lista automática ya partirás de una credibilidad de cara a su decisión de seguirte o no.

• **Aumenta de manera significativa tu reputación e influencia en Twitter**, esto lo verás reflejados en los indicadores de **reputación e influencia** de sitios como Klout o Twitter Grader.

• **Estar en muchas listas multiplica tu audiencia real** ya que a través de cada una llegas a muchas personas. Por tanto, tus Tweets llegarán mucho más lejos y multiplicarás tu impacto.

23.2 7 usos productivos de las Listas de Twitter

1.- Organizar tu timeline.

Tal y como ya hemos comentado, muchos se preguntan cómo desde una cuenta de usuario se pueden seguir a tantos usuarios y enterarse de (casi) todo. Es bueno hacer listas específicas con los usuarios a los que seguimos en Twitter. Entre listas públicas y privadas podemos tener "enlistados" a casi todos los que seguimos, diferenciando entre otras cosas aquellos con los que más nos solemos relacionar. No es una mala idea hacer listas sobre todo con los usuarios con que más interactúas, con los que te leen realmente.

2.- Seguir sucesos o eventos en Twitter.

Por ejemplo, un evento como #LegalForum14 se puede seguir vía este hashtag ó bien a través de una lista creada con: José Mª Fdez. Comas @jmfcomas,

LA LEY @EditorialLALEY,

LuisJa Sánchez @luisjasanchez,

Cristina Sancho @cristinasancho,

BlogCanalProfesional @BlogCanalPro,

Cuatrecasas @Cuatrecasas

Carnicer y Zamora @CyZabogados

3.- Para decidir si seguir o no a un usuario.

Es muy sencillo, como el hecho de incluir a un usuario en una lista no significa que lo sigas puedes añadirlo a una lista de "en observación" antes de tomar una decisión. En este caso, te recomendamos que sea una lista privada, y que además la utilices sobre todo con aquellos usuarios sospechosos de spam.

4.- Ver sobre qué twittean "los otros". ¿Qué hacen tus competidores, por ejemplo?

Lo bueno de las listas es que puedes ver los Tweets de otros usuarios sin necesidad de seguirlos, pero de una forma ordenada. Por ejemplo, puedes crear una lista de "competidores" de forma privada, y de esta manera estar informado de lo que comunican. Por ejemplo, si eres un experto en TIC, puedes hacer una lista de **Abogados TIC**.

5.-Crea listas "Temáticas".

Si uno de tus objetivos es conocer las últimas novedades sobre un tema concreto que te interese, puedes **crear listas de usuarios que twitteen mayoritariamente sobre ese tema**. Por ejemplo, si tu especialidad es Digital & IT, puedes crear listas privadas, si así lo consideras con temáticas: **E-Commerce, Content Marketing, Redes Sociales, Abogados-TIC**, etc.

Si eres un especialista en Derecho TIC, puedes tener listas sobre Administraciones Publicas, Privacidad (LOPD), Dominios de Internet, etc.

6.- Para construir tu "Marca Personal".

Si eres capaz de crear **listas públicas interesantes** y con usuarios que aporten un buen contenido atraerás a más usuarios a seguirlas y a su vez los atraerás hacia tu perfil, posibilitando así que te sigan. De igual manera al agregar a un usuario a una de tus listas llamarás su atención sobre todo si ésta es interesante, con lo que aumentan las posibilidades de que te siga tras valorar tus Tweets.

7.- Agradecer los RTs.

A veces, a algunos usuarios les molesta o incomoda que se agradezcan los RTs a un Tweet desde el propio Timeline, para evitar esto, puedes **utilizar tus listas públicas para agradecer los Rts**, escribiendo un Tweet que enlace a una lista donde **incluyas a los usuarios que te han hecho RT**.

23.3 Las dos listas de Twitter que todos debemos tener

Hay dos grupos que son clave en el ecosistema Social Media de nuestras marcas.

A lo largo de tu experiencia en Twitter te encontrarás con usuarios más afines y con otros menos afines. Son precisamente estos dos grupos de usuarios los que debes identificar y trabajar constantemente.

¿Por qué son importantes?

Es la gente que "te aprecia", y la gente que "te aprecia menos" por así decirlo. Ambos, muy importantes en tu vida 2.0. Los que te quieren pueden transmitir tu mensaje con particular pasión y, como en la vida real, son un excelente apoyo en los tiempos difíciles. Por otro lado, los que "te aprecian menos" pueden "distraer" tu esfuerzo.

Las listas y grupos son una excelente herramienta para agruparlos y tenerlos a la mano. Sí, así de sencillo puede ser su agrupamiento.

Crear las listas en modo privado – Ideal para agrupar a los conflictivos y/o clientes.

Crear las listas en modo publico – Ideal para reconocer a usuarios que son afines a tu marca personal y profesional.

Recomendaciones:

• En listas/grupos de conflictivos no utilices nombres como "Los conflictivos", aunque sea una lista privada no sabes cuándo pueda filtrarse ese nombre al público, es mejor poner un nombre más discreto y ser precavidos

• Cuida de no ser tan obvio en agrupar públicamente a tus clientes porque le estarás facilitando el trabajo a la competencia

• El dedicarle tiempo a interactuar con los usuarios que "te aprecian menos" en tiempos de no-crisis es recomendable para ir mejorando la relación con ellos y calmando sus ánimos por hacer comentarios negativos sobre ti, si esto se produce.

• Incluir a los usuarios que "te aprecian" es cuidar y fomentar la buena relación que ya se tiene.

24. Claves para un buen SEO en Twitter

El SEO (posicionamiento natural en buscadores) es también importante en Twitter. El concepto del posicionamiento asociado a las URL es una cualidad innegable en esta red.

Twitter te posiciona en el top 10 de los resultados de Google cuando alguien busque por tu marca, si está bien diseñado tu perfil en Twitter. Esto es importante cara a tu branding. Recuerda que "somos lo que Google dice de nosotros".

1.- El SEO en el nombre de la cuenta: la importancia de las KEYWORDS

El dominio de una web, ejerce un papel determinante en su posicionamiento orgánico. Es decir "el cómo se llama una URL" influye decisivamente en su SEO.

En primer lugar, como en cualquier estrategia SEO, tienes que tener muy claro cuáles son tus **palabras clave** con las que quieres posicionarte.

Estas palabras clave debes utilizarlas en el **nombre** y en la **URL**. Veamos el caso del despacho de abogados **Diez & Romeo**:

La marca es **Diez & Romeo Abogados**, su usuario de Twitter @DiezRomeo, que contiene las palabras clave de su marca, y en la descripción /BIO, *"Abogados expertos en Telecomunicaciones, Audiovisual, Tecnología y Juego. DERECHO Y TECNOLOGIA"*.

La palabra "Abogado" es clave también.

Como recomendación, las palabras clave pueden estar en lo que llamamos "marca persona / profesional" pero sin duda en la biografía. Ten en cuenta que sólo puedes usar 160 caracteres así que... ¡Aprovéchalos!

Puedes también usar Hashtags para marcar las palabras clave que deseas posicionar.

2.- Bio de Twitter: es la "descripción" que usa Google para posicionar

Cuando Google rastrea, extrae la descripción de la etiqueta de su perfil, por lo que utilizar este espacio para establecer las claves diferenciadoras de tu marca, es altamente eficiente.

Así, el equilibrio entre contenido atractivo y criterios de posicionamiento, es el ideal para las 160 palabras que permite este espacio.

Veamos que ocurre con el ejemplo anterior de **Diez & Romeo Abogados**. Ahora veamos que indexa Google:

La marca profesional está repetida 3 veces, en Titulo del hipervínculo (en el resultado de Google lo veras en color azul), en la URL (color verde) y en la descripción (color gris)

3.- Fotos y descripción: muy importante

Si tienes un archivo de fotografías vinculado a tu perfil de twitter, no lo nombres como "imagen 1.jpg", "foto 2.jpg", esto no vale para nada, porque los "robots" no lo pueden interpretar no asociar a nada, por lo tanto no se indexaran vinculados a tu marca.

Procura guardar tus archivos de imagen que subas a Twitter con una descripción que coincida con los criterios de búsqueda con los que se identifica su marca dentro del mercado. Sin acentos, separadas por los tradicionales guiones y como máximo de 250-250 px.

4.- Atentos al SEO de sus Tweets

A veces olvidamos que los Tweets tienen 140 caracteres. Hay que tener esto muy en cuenta y en lo posible, tratar de construir Tweets que contengan palabras clave que te posicionen. Cuantas más palabras clave contengan sus Tweets mayor será la eficiencia de su posicionamiento.

5.- Listas de twitter, poco explotadas... también en términos de SEO

Las listas de Twitter tienen un enorme potencial y sin embargo son las "grandes desconocidas"

Las listas permiten la híper-segmentación y esto lo agradecen los buscadores.

Para optimizarlas, te recomendamos que pongas nombres claros a tus listas, nombres que DEFINAN y que a ser posible lleven tus palabras clave.

Si tus listas además tienen usuarios destacados en un contenido determinado asociado lógicamente a tu lista, aumentará el interés de los buscadores por la calidad subyacente en los integrantes de las mismas.

Por ejemplo si tu especialización es Derecho CIVIL, una lista con el nombre *"Los imprescindibles"* no aporta nada al SEO. Te recomendamos que renombres la lista: **"Abogados Derecho Civil"** si lo que quieres es tener una lista de los mejores abogados en esta especialidad.

6.- Aplica el SEO en los vídeos que utilices de tu propiedad

La inclusión del vídeo en Twitter permite muchas cosas: además de acceder a herramientas de posicionamiento adicionales, permite consolidar tu marca en términos de posicionamiento a través de la web móvil, ya que los mismos parámetros del SEO para Youtube, por ejemplo, son aplicables y relacionables a la subida de vídeos a Twitter.

Recuerda, que los videos cuanto más cortos mejor. 50 segundos-1 minuto es lo ideal para captar la atención.

Los videos deben tener un título y una descripción. No vale tener el archivo de video como "Video Pepe.avi" y sin una descripción.

Ejemplo de vídeo optimizado de Cuatrecasas Gonçalves Pereira:

http://youtu.be/PRgqWJA3ugo

Richard
Susskind:
El fin de los
abogados

CUATRECASAS GONÇALVES PEREIRA

Las claves del abogado del futuro

Cuatrecasas Gonçalves Pereira

Suscribirse 193

7.- Usa el SEO en tu interacción en otras redes y soportes digitales: añade tu cuenta de TWITTER

El perfil de Twitter asociado a tu marca, debe incluirse en todos los lugares donde interactúes. Es decir, en tu blog, pagina web, bajofirma, perfil de LinkedIn, Facebook, etc.

Te recomendamos también que des de alta tu perfil de Twitter en todos los directorios ad-hoc, Trackingtwitter, Wefollow, etc.

25. Los buenos modales en Twitter: Twitter-etiqueta

En todas partes hay que ser educado. En Twitter también. En el blog de Vadim Lavrusik encontramos los diez principios básicos para iniciarse en la *Twitter-etiqueta*.

Como comenta Vadim, los primeros seguidores de una cuenta son fundamentales para determinar el éxito de la misma, por lo que es importante intentar ajustarse a estos principios cívicos, especialmente por los recién llegados a Twitter, que tal vez todavía no dominan su funcionamiento.

1. **Reconocer el crédito**, a través de Retweets (RT), menciones (vía) o HT (*Heard Trough*, u "Oído En").

2. **No abusar de la autopromoción**, a no ser que uno quiera ser etiquetado como *spammer*. Por supuesto, los medios digitales están exentos de esta regla.

3. **Enlazar**: no hay que olvidar que, igual que en la web, en Twitter nos dirigimos a una comunidad de usuarios, que pueden estar interesados en profundizar o conocer más sobre aquello que mencionamos.

4. **Responder a los seguidores**: es una muestra de cortesía y atención contestar a los mensajes directos, ya que por algo Twitter es una comunidad. Hay que intentar no recurrir a la excusa de falta de tiempo.

5. Considerar **cuándo responder públicamente y cuándo enviar un mensaje directo**, ya que el tema de una discusión o conversación particular no tiene por qué interesar a todo el grupo de seguidores.

6. **Distinguir entre citas y opiniones personales**, especialmente cuando se enlaza a algún titular. Es fácil hacerlo utilizando comillas o escribiendo un comentario después del enlace.

7. Seguir sólo a quien **aporta valor**: de lo contrario, la cuenta se llena pronto de ruido y exceso de enlaces, aunque se utilicen filtros o listas. Twitter no es Facebook, aunque nos arriesguemos a perder algún amigo.

8. **No promocionar servicios de forma inapropiada**, un riesgo similar a ser considerado *spammer*.

9. **No etiquetar cada palabra con #**, pensando que así el #Tweet tendrá mayor visibilidad. Hacerlo sólo con los

términos más relevantes o útiles para las búsquedas, para facilitar la lectura y difusión.

10. **No Retwittearse a uno mismo**, una muestra de egocentrismo que, aunque parezca mentira, algunos practican.

25.1 Sé agradecido. Cómo agradecer los RT

Una de las cosas más importantes en Twitter -al menos para nosotros-, es ser agradecido, educado, cordial y amable. Si tienes en cuenta la "netiqueta" y además añades una buena información, sin duda lograras mayores resultados, más seguidores, más interacciones... más #FF y Retweets

¿Por qué son buenos los Retweets?

Un RT, siempre es positivo, salvo que en este se hable mal de ti. Por ejemplo, un RT con un enlace a tu blog, no solo te proporcionará un aumento de visitas, sino que además conseguirás una mayor visibilidad en los timelines.

¿Es bueno agradecer los Retweets o es demasiado pesado?

Como hemos dicho antes, un RT te ayuda a alcanzar mayor visibilidad, más seguidores...más trafico a tu blog si el RT contiene enlaces al mismo. Todo es tan positivo, que seríamos unos desagradecidos si no damos las gracias a las personas que nos dan RT.

Hay un refrán famoso que dice "es de bien nacidos ser agradecidos", pues de igual manera que lo hacemos en el mundo real, podemos hacerlo en el virtual. Twitter es un "ecosistema" de la parte de tu vida "online".

¡Ojo! dar las gracias de forma simple y "como por compromiso" no es ni suficiente ni tampoco eficaz, por que suena a "máquina".

En algunas ocasiones hemos visto gente en Twitter que da las gracias en modo "Winchester", es decir, repetitivo, y sin "alma". Bajo nuestro punto de vista esta forma "fría" resulta hasta pesada.

Estas son las buenas prácticas para dar las gracias en Twitter, y veras con el tiempo como van a aumentar el número de tus seguidores.

• Da las gracias de forma personalizada, ¡nunca en bloque!
• Síguele en Twitter: Una buena manera de agradecer un Retweet es comenzar a seguir a ese usuario. ¡Le estas ayudando a aumentar su lista de followers!

• Inclúyele dentro de tus listas para que así sea encontrado por más usuarios.

• Haz un nuevo Retweet con el RT. Retweetear tu Tweet es una forma de mostrar su nombre y agradecerle de forma indirecta su ayuda difundiendo tu información.

• Devuélvele el RT: Vete a su timeline, localiza un contenido interesante y devuélvele el favor en forma de Retweet.

• Interactúa con el otro Twittero. En mi experiencia esta es una de las mejores maneras. ¡Entablar conversación es parte del networking en Twitter!!

• Interacción y conversación colectiva: Después de esta primera conversación, también puede resultar interesante iniciar una conversación con las personas que han participado en un RT para darnos a conocer.

• Contacta mediante mensaje privado. Esta es una opción buena que a nosotros nos ha funcionado muy bien, combinada con las anteriores.

• Visitar su perfil y agradecerle directamente con una mención a su blog /web ó a su trabajo en concreto

• Corresponderle visitando su blog ó página web

• Comentar en alguna entrada de su blog

• Suscribirse a su blog, votar sus entradas en por ejemplo Bitacoras.com ó enviar alguna a Menéame

• Enlazar a sus artículos desde tu blog

• Mostrar su blog en "mi lista de blogs/webs" dentro de tu blog /web

Ponte manos a la obra con estos consejos y verás cómo cambia tu forma de interactuar en Twitter.

Nosotros los aplicamos por sistema, y nos han dado muy buenos resultados gracias a los cuales estamos colaborando con algunos Twitteros en proyectos conjuntos.

26. ¿Qué es el #FollowFriday en Twitter?

Como ya hemos comentado, el #FollowFriday o #FF es un "hashtag" o "Tema del momento" en Twitter que se ha convertido en una costumbre de cada Viernes para la mayoría de los usuarios.

Esta costumbre se caracteriza porque al utilizar el hashtag **#FollowFriday** (o *#FF*) en un Tweet damos a entender a nuestros seguidores que **recomendamos seguir los usuarios incluidos en el mismo Tweet**. Se trata de una costumbre iniciada en Enero de 2009 por **Micah Baldwin** con el siguiente Tweet:

Parece que la idea gustó al "Twitter mundo" y a partir de ahí se convirtió en una costumbre de cada Viernes.

Para recomendar con #FollowFriday:

Tan sólo incluye **#FollowFriday** en un Tweet junto al nombre del usuario a recomendar y ya habrás hecho tu primer #FollowFriday.

La fórmula más extendida consiste en empezar el Tweet con #FollowFriday e ir añadiendo (copia y pega) varios nombres de usuarios para recomendar:

Esmeralda Diaz-Aroca
@joniaconsulting

#FollowFriday @luisjasanchez @luisabeledo @LauraMollaGMR @CPEREZANDUJAR @juancvivo @CarlosCarnicer @gperezalonso

↩ Responder   ★ Favorito   ••• Más

También puedes utilizar **#FF en lugar de #FollowFriday**, de hecho es más habitual.

¿A quién puedes hacer un #FF?, pues a colegas tuyos, revistas especializadas / periodistas del ámbito jurídico,...etc. ¡Tú decides!

Variantes del #FF

Muchos usuarios que usan el Español como lengua, sustituyen el término #FollowFriday por otros como #recomendados en un intento de adaptar el concepto.

La mecánica es la misma y las razones idénticas, puedes recomendar usuarios con esta fórmula de igual manera que con el #FollowFriday.

Aunque no está muy extendido su uso aún, **en tus manos queda el utilizar una u otra etiqueta**. Otra similar sería #FollowFridayES.

Utilizar las listas para tus #FF

Cuando tratamos las listas en Twitter ya comentamos la posibilidad de que muchos usuarios trasladasen sus **#FollowFridays** a una nueva **lista de usuarios recomendados** que iría variando cada Viernes, adjuntando a cada lista una descripción

Aunque estos dos últimos sistemas han sido adoptados por algunos usuarios no cabe duda de que aún sigue siendo masiva la utilización de la etiqueta **#FollowFriday para recomendar, cada Viernes, a otros usuarios que tú sigues pero igual tus seguidores no**.

27. Spam y Abusos

Previendo su uso fraudulento hemos reproducido un **extracto de las condiciones** de uso Spam y Abuso en Twitter:

Twitter lucha por proteger a sus usuarios de spam y abusos. Tanto el abuso técnico como el de usuario no son tolerados por Twitter.com, y resultaran en suspensión permanente. Cualquier cuenta que participe en las actividades especificadas arriba es susceptible a suspensión permanente.

* **Spam**: El usuario no podrá utilizar los servicios de Twitter con el propósito de mandar spam. La definición de lo que se considera "Spamming" o lo que es lo mismo, enviar correo basura, se irá cambiando según Twitter responda a nuevos trucos o tácticas por parte de spammers.

Algunos de los factores que Twitter tiene en cuenta para determinar que conducta es considerada "spamming" son:

• Si el usuario sigue un gran número de usuarios en un corto período de tiempo;

• Si el usuario se hace seguidor o en un corto período de tiempo, de manera particular con medios automatizados (fuga de seguidores agresiva).

• Si el usuario sigue y deja de seguir de manera repetida, sea por conseguir seguidores o conseguir más atención al perfil.

• Si el usuario tiene un número mayor a quien sigue en comparación con la cantidad de gente de la que el usuario es seguidor.

• Si las actualizaciones son principalmente enlaces y no actualizaciones personales;

• Si un gran número de gente ha bloqueado al usuario;

• El número de quejas por spam que se han recibido en contra del usuario;

• Si el usuario publica contenido duplicado en múltiples cuentas o múltiples actualizaciones duplicadas en una cuenta

• Si el usuario publica múltiples actualizaciones sin relación con un asunto utilizando #

• Si el usuario publica múltiples actualizaciones sin relación con un asunto popular o de moda

• Si el usuario envía un gran número de @respuestas duplicadas

• Si el usuario envía un gran número de @respuestas no solicitadas en un intento de mandar spam a un servicio o enlace

• Si el usuario utiliza el contenido de otro usuario sin atribuírselo.

• Si el usuario ha intentado "vender" seguidores, en particular a través de tácticas consideras fuga de "siguiendo a" o seguidores agresiva.

• La cuenta del usuario podrá ser suspendida por violación de las Condiciones generales si fueran cierto alguno de los casos más arriba descritos; cuentas creadas para reemplazar las cuentas suspendidas serán suspendidas de manera permanente.

Si te has visto en algunas de estas situaciones, ¡no lo dudes, notifícalo a Twitter, si muchos más usuarios lo han hecho, esa cuenta tenderá a desaparecer y así dejará de hacer un uso fraudulento de la red de microblogging.

28. Cómo encontrar usuarios en TWITTER por biografía y localización

En la propia aplicación de Twitter se pueden hacer búsquedas de usuarios que estén especializados en temas en concreto. Lo que no se puede hacer es **buscar personas con intereses en un tema en concreto** y que además **que vivan en la misma ciudad que tú**. Por ello te vamos a presentar la aplicación **Follower Wonk**.

Una aplicación web muy fácil de usar y con las opciones que queremos utilizar totalmente gratis. Es muy fácil de acceder con un par de clicks vinculando nuestra cuenta de Twitter.

Comienza por dirigirte a la página web de la herramienta y haz click sobre el icono en amarillo *Sign in with*.

En la siguiente ventana deberás **introducir tu usuario** de la red social de microblogging y también tu contraseña para darle los permisos de acceso a Follower Wonk. Pincha sobre iniciar sesión.

A continuación entrarás en la **interfaz principal** donde no se ve nada por lo que deberás entrar en alguno de los menús situados en la parte superior.

Para el caso que nos ocupa, pulsa sobre la entrada Search Twitter Bios y aparecerá una caja de texto. Allí deberás teclear la palabra clave, es decir, el interés que buscas en los usuarios de Twitter, en el ejemplo vamos a poner **"Abogado TIC"**.

Comprobarás que los resultados son los de los usuarios más conocidos que tienen en la palabra **Abogado TIC** puesta en su biografía. Pero si solo te interesa buscar en España deberás **acotar la búsqueda por localización**. Para ello deberás hacer click sobre More options, un enlace situado justo debajo de la caja de texto de búsquedas. Aparecerán varios campos para rellenar, pero basta con que pongas España en el primer campo que aparece junto al icono de la lupa. Pincha sobre *Do it*.

Ahora aparecerán los resultados, los de los usuarios que tienen la palabra clave y que estén localizados en el país /ciudad que has tecleado.

Esto también te da pie a que, **si quieres que te encuentren por Twitter** y por un tema en el que estés especializado o por tus intereses es importante que los indiques bien en tu perfil de Twitter y aparecerán resultados como este:

Otra aplicación para esto es **Tweepz**, pero comparada con la anterior se queda "escasa".

29. Cómo saber si hay seguidores falsos en tu cuenta de Twitter

Tener muchos followers en Twitter es uno de los principales objetivos, pero ¿de qué sirve tener muchos seguidores si la mayoría son usuarios robots?

¿Quieres conocer si los seguidores de tu cuenta de Twitter son reales ó son falsos? Pues ya puedes saberlo utilizando **Twitter Audit**, en versión BETA, que analiza tus seguidores y te dice que porcentaje de ellos son reales.

¿Cómo usar Twitter Audit? Accede en TwitterAudit.com y autoriza el acceso a tu cuenta de Twitter.

Introduce luego tu usuario de Twitter y en unos segundos te dará el cálculo:

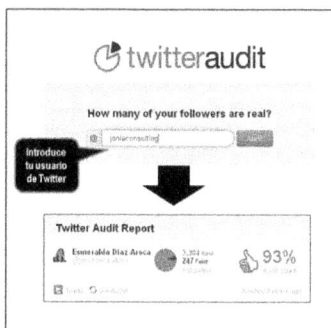

Según Twitter Audit, el resultado lo obtienen tomando una muestra aleatoria máxima de 5.000 seguidores del usuario y le atribuye una puntuación a cada seguidor.

Esta puntuación se basa en el número de Tweets, antigüedad del último Tweet, y la relación a su vez de los seguidores con sus respectivos seguidores. De acuerdo con esto, determinan si los seguidores son reales ó falsos. Hay que tener en cuenta que este método no es una ciencia exacta, pero el dato que da puede ser orientativo.

30. Cómo saber quién te ha dejado de seguir en Twitter

A la hora de buscar aplicaciones que nos faciliten esta información, es importante asegurarse de que estas sean serias y profesionales. Os proponemos las cinco que consideramos que son las mejores aplicaciones para saber quién ha dejado de seguirte en Twitter.

30.1 ManageFlitter

ManageFlitter es una completa **suite de análisis** para tu cuenta de Twitter, aunque lamentablemente para acceder a la mayoría de sus servicios necesitaremos una cuenta premium. Aun así, entre las tareas que nos permitirá realizar con una cuenta gratuita están la de visualizar cuánta gente nos ha dejado de seguir en las últimas horas y la de gestionar a la gente que queremos dejar de seguir nosotros.

30.2 SocialBro

SocialBro es una de las aplicaciones más completas .Una vez registrados, pudiendo elegir un plan gratuito, accedemos a un panel de control que nos detallará en un gráfico **la evolución de nuestros seguidores, y nos irá**

desglosando información referida a ellos como cuales no nos siguen de vuelta, cuáles han sido los últimos en dejar de seguirnos o cuales son famosos o influyentes.

30.3 UnFollowers

UnFollowers es otra de las herramientas más utilizadas de la red para saber quienes nos han dejado de seguir. Nos permitirá saber información útil sobre nuestros seguidores y las personas a las que seguimos, tal como cuáles de ellos son inactivos, cuales no se han molestado en ponerse una foto de perfil o incluso cuáles de ellos son usuarios falsos o se comportan como tales.

30.4 Mr. UnFollowr

Pero si lo que queremos es no complicarnos la vida gestionando nuestros contactos con una complicada suite que quizás no necesitamos, **Mr. UnFollowr** es una buena alternativa.

Sólo tendremos que seguir su perfil de Twitter y hacer login en su página web introduciendo nuestro correo electrónico para recibir un mail cada vez que alguien haya dejado de seguirnos. Así de simple.

30.5 Twitter Analytics

Twitter Analytics es **la herramienta oficial** de la red social de microblogging para analizar nuestra cuenta. Nos permite saber el número de personas que ha dejado de seguirnos cada día, pero no nos permite concretar qué personas han sido las que nos han abandonado.

31. Botones, Widgets y Logos de Twitter para incluir en tu web ó blog

La propia red social Twitter pone a disposición de sus usuarios una serie de recursos que podemos encontrar en su web. Para ello debes acceder directamente a https://www.twitter.com, allí encontraras botones, widgets y logos para que puedas incluir en tu web o blog.

31.1 Botones de Twitter

Gracias a los botones que te ofrece Twitter para integrarlos en tu web o blog mejoraras la interacción con tus usuarios. Estos botones le dan la posibilidad al usuario de compartir un enlace, seguir la cuenta, mencionarte o etiquetar. Para ello deberás configurarlos con tu cuenta y automáticamente te aparece el código html que tienes que incluir en tu web o blog. Puedes acceder directamente a los botones de Twitter en la página siguiente:

https://about.twitter.com/es/resources/buttons

Agrega botones a tu sitio web para ayudar a tus visitantes a compartir contenido y conectarse en Twitter.

Elegir un botón

Compartir un enlace   Seguir   Etiqueta   Mencionar

Tweet   Seguir a @twitter   Twittear a #TwitterStories   Twittear a @support

31.2Widgets

Twitter te da la opción de crear un Widget. Este Widget te ayuda a integrar tus últimos Tweets en tu web. Podrás personalizarlo, cambiando sus colores, tamaño, número de Tweets que muestra y otras opciones de configuración. Accede directamente a la página para crear widgets desde el siguiente enlace (para acceder deberás haber iniciado sesión en Twitter): https://twitter.com/settings/widgets

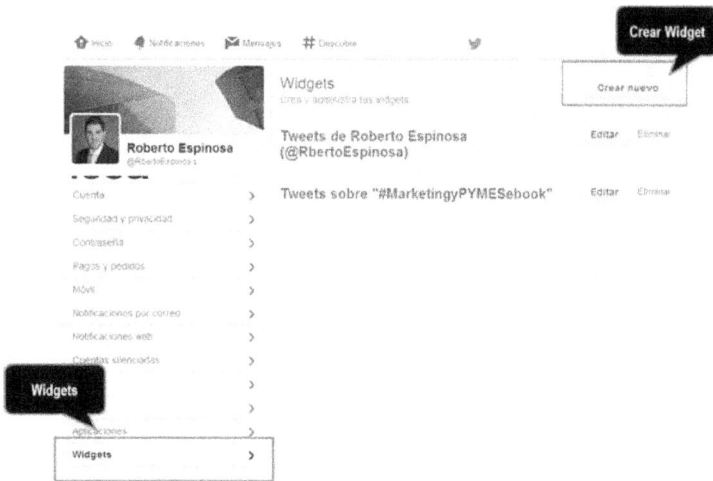

Después de configurar tu Widget, se generará automáticamente un código que solo tendrás que copiar e insertar en tu web o blog. Puedes crear widgets de: tu cronología de usuario, favoritos, listas, buscar y colección. Elige el que necesites.

31.3 Logos e iconos

En esta sección puedes descargar los logotipos de Twitter oficiales en distintos formatos para utilizarlos tanto para formatos online como offline. Puedes acceder directamente a la página para descargarte los logotipos desde el siguiente enlace: https://about.twitter.com/es/press/brand-assets

32. Aplicaciones para crear encuestas en Twitter

Entre las cientos de herramientas que se han creado para el fenomeno que es Twitter, existen unas que me parecen esenciales y muy útiles para el usuario de este servicio de microblogging. Crear encuestas teniendo a un universo tan amplio y variado como los contactos de Twitter es una muy buena alternativa, a continuación una lista con las mejores **aplicaciones para crear encuestas en Twitter**.

32.1 TwtPoll

TwtPoll es una herramienta online que nos permite realizar fácilmente una encuesta. Este servicio nos ayuda con preguntas de opciones múltiples para nuestros seguidores sin necesidad de poner contraseña alguna. Basta con incluir las preguntas, ingresar nuestro nombre de usuario de Twitter y el servicio online generará un mensaje con un enlace hacía nuestra encuesta. Una de las características que más llama la atención es que nos muestra las respuestas en forma rápida y organizada.

32.2 Pollowers

Pollowers es otra de las apps más conocidas para realizar encuestas a través de la red social de microblogging , además basta con ingresar con tu cuenta de Twitter para empezar a usarla. Su uso es muy sencillo y es totalmente gratuita.

Entras con tu cuenta de Twitter, envías una encuesta y obtienes el feedback de tus seguidores a través de una respuesta al Tweet que has enviado, para analizar la respuesta bastará con hacer el recuento a los Tweets que has recibido.

32.3 Twoll

Aunque **Twoll** no es uno de los servicios más conocidos para realizar encuestas en Twitter, sí es de los más sencillos, pues basta con conectar tu cuenta de Twitter con la aplicación para poder hacer uso de ella, después redactas la pregunta y el número de respuestas a la pregunta hasta un máximo de cuatro. Es totalmente gratuita.

32.4 Poll EveryWhere

Esta herramienta es de las más innovadoras, pues nos permite realizar encuestas en vivo a una audiencia mientras conocemos las respuestas que se envían a través de mensajes de texto o de Tweets. Además refleja los resultados instantáneamente en un Power Point. Esta herramienta cuenta con una versión gratuita con limitaciones y con una versión de pago.

Además los usuarios pueden añadir respuestas libres si lo permitimos al redactar la pregunta.

32.5 PollDaddy

Otra buena herramienta para crear tus encuestas, además no sólo permite crear encuestas para tus seguidores de Twitter sino que es compatible prácticamente en todas partes. Esta herramienta cuenta con planes tanto gratuitos como de pago que permiten una mayor personalización de la encuesta. Basta con compartir el enlace en la red social para que tus seguidores tengan acceso a la encuesta y que puedan dar su opinión.

Vamos a hacer un ejemplo con **PollDaddy**, que además permite una versión gratuita.

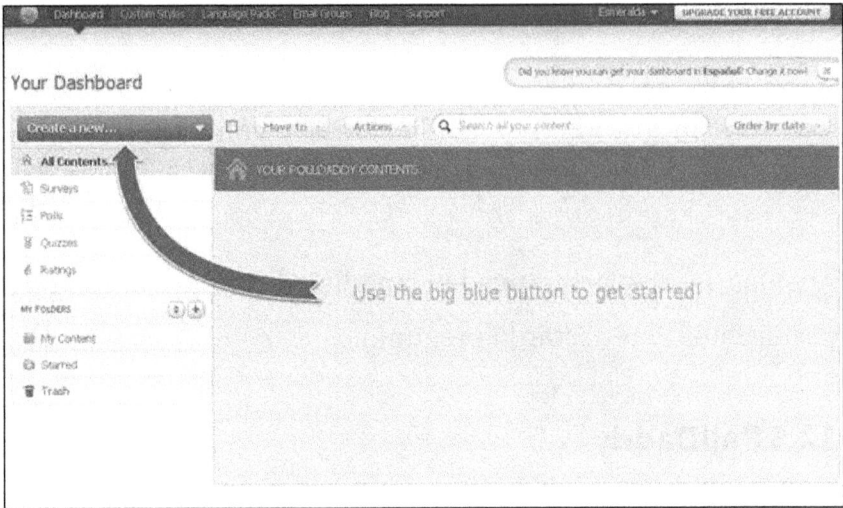

Creamos una encuesta:

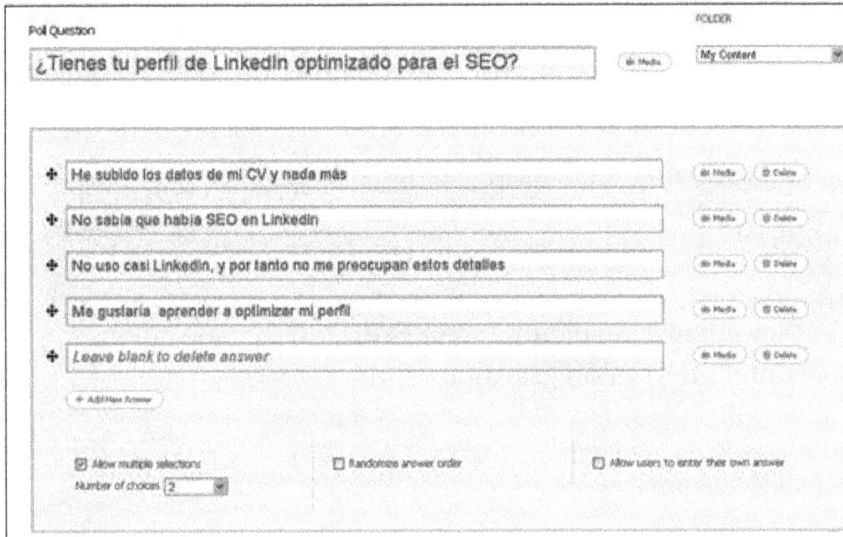

Seleccionamos el estilo y formato de la encuesta:

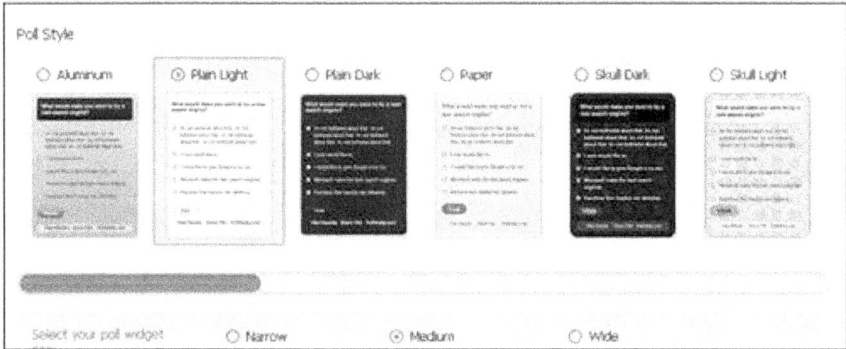

Configuramos las opciones de la encuesta y "creamos la encuesta".

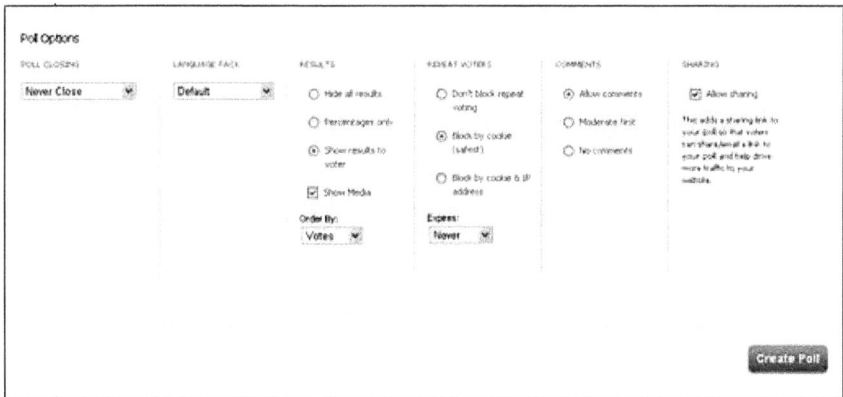

A continuación aparecerá esta pantalla, donde nos muestra un código que es el que tenemos que incluir en nuestro site ó blog.

También podemos lanzarla directamente en otros social media, como Twitter:

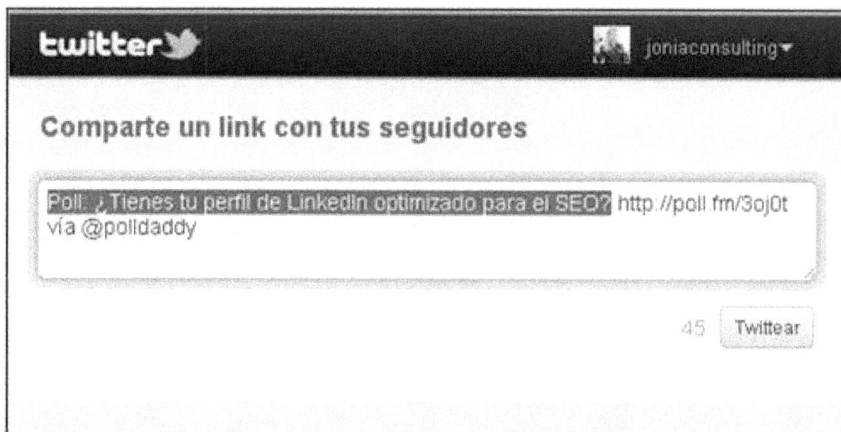

En el panel de control podrás hacer un seguimiento de tus encuestas:

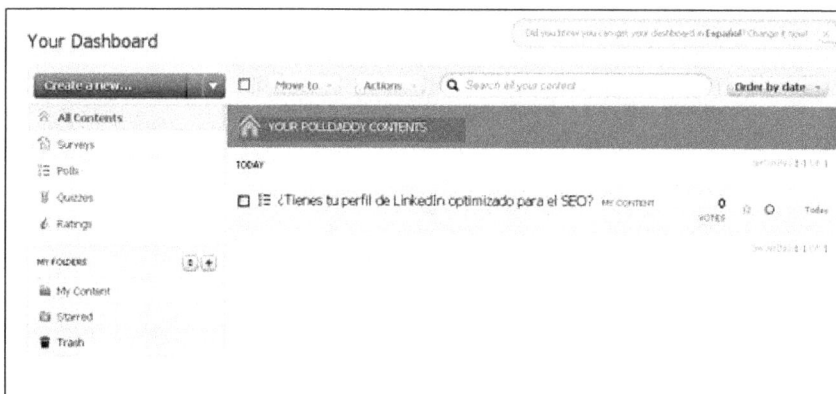

33. Cómo incluir imágenes en tus Tweets

Ahora Twitter permite subir imágenes para añadir a tus Tweets. Una excelente forma para que tus Tweets destaquen en el timeline de Twitter, es incluir imágenes. Gracias a recientes actualizaciones no sólo es posible ver vistas previas de una imagen, si no hasta cuatro. Aquí te explicamos cómo sacar provecho de esto.

En promedio los Tweets con imágenes reciben un 35% más de RT's respecto a los que no los tienen, según información propia de Twitter.

The effect on retweets of...

% change in retweets. So photos give verified users a 35% bump in retweets, compared to what they would get anyway. Click dropdown to see different areas

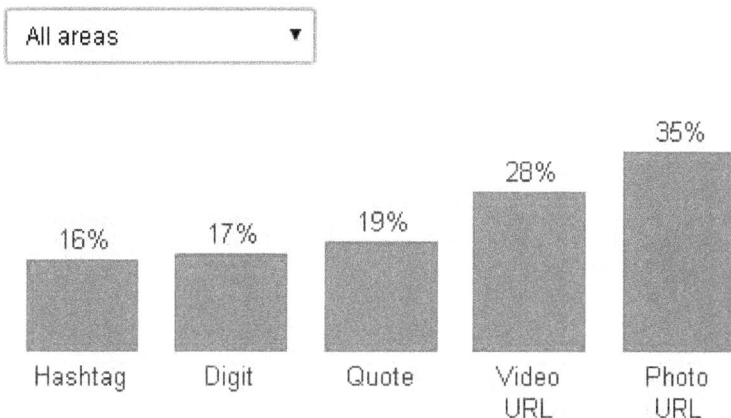

All areas ▼

Hashtag	Digit	Quote	Video URL	Photo URL
16%	17%	19%	28%	35%

Las vistas previas son una versión recortada de las imágenes que públicas, sin embargo, si deseas que éstas se vean completas dentro del timeline tienen que tener un formato específico.

Existen 2 tamaños estándar para las imágenes y 4 formas diferentes de cómo presentarlas.

Tamaños:

• **Cuadrado:** 800 x 806 pixeles
• **Apaisado:** 800 x 394 pixeles

33.1 ¿Cómo subir fotos en un Tweet?

Puedes subir una ó múltiples. Por el momento sólo es posible hacer posts con múltiples imágenes desde la versión web y desde las aplicaciones móviles, sin embargo no te recomendamos hacerlas desde el teléfono móvil, ya que es muy probable que Twitter les haga una compresión agresiva.

Desde la web puedes hacer una publicación de éste tipo presionando el botón de Redactar Tweet y después añadiendo las imágenes en el orden que desees que aparezcan. Sin importar cuántas sean, tendrás 117 caracteres para completar tu publicación con un mensaje que conecte con tu comunidad.

Juega con las diferentes formas en que Twitter presenta las imágenes para crear publicaciones interesantes, usando imágenes que se completen entre sí. Diseña las imágenes con el tamaño correcto según el número de éstas que vayas a compartir.

Mira este ejemplo de un artículo sobre la Gestión de la Reputación online: la libertad de expresión vs el derecho al honor, entrevistando a Victor Almonacid.

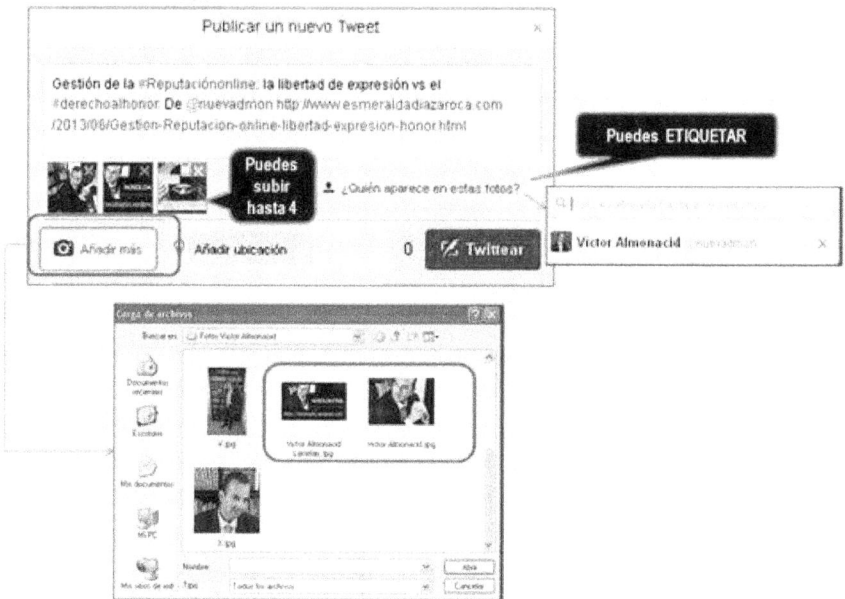

Y una vez twitteado, el resultado es este:

Esmeralda Díaz-Aroca @joniaconsulting · 1 min

Gestión de la #Reputaciónonline: la libertad de expresión vs el #derechoalhonor. esmeraldadiazaroca.com/2013/06/Gestio ...

Víctor Almonacid

Ver más fotos y videos

34. Aplicaciones para compartir vídeo en Twitter

34.1 Twitpic

S in duda, la aplicación por excelencia para subir videos a Twitter es esta. Para ello basta con registrarse utilizando tu cuenta de Twitter activada.

La aplicación es gratuita pero a cambio te llenan de anuncios. Por lo demás es sencilla de utilizar.

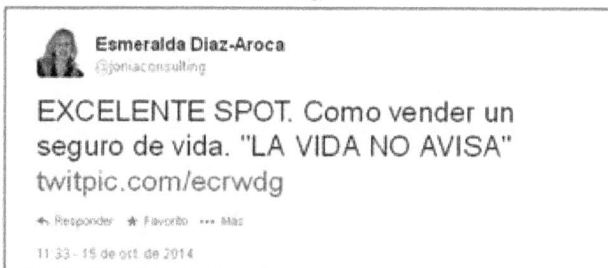

34.2 BubbleTweet

Es una excelente manera de conectarse con tus seguidores, ya que la aplicación web nos permite mejorar nuestra página de Twitter agregando un vídeo de introducción a la misma.

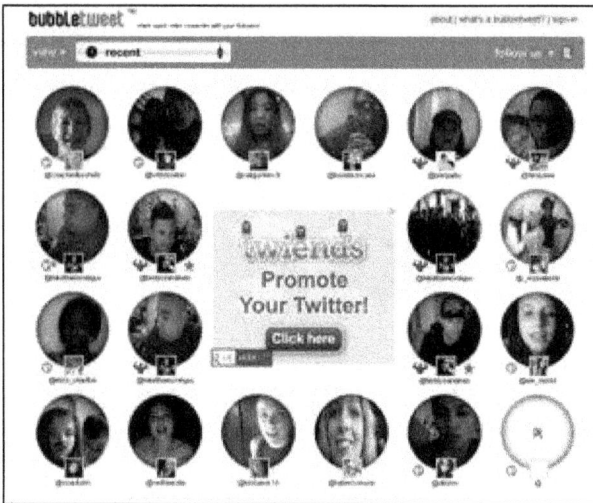

Una vez completado el vídeo puedes dar a tus seguidores la dirección BubbleTweet en lugar de tu Twitter, y desde ahí llegar un poco mejor a ellos.

La página BubbleTweet se ve exactamente igual a lo que verás en Twitter, a excepción del vídeo incorporado. Pero también si deseas Twitter en vídeo esta es otra opción que podemos utilizar con ella.

La aplicación es gratuita y muy sencilla de usar, ya que puede cargar un vídeo desde tu ordenador, o directamente desde la webcam que tengas instalada, una manera divertida de Twittear.

34.3 Screenr

Es una poderosa y sencilla herramienta que te permitirá **crear screencasts** sin necesidad de instalar ningún software, solo tendrás que pulsar el botón de grabación y el sitio comenzara a registrar toda su actividad junto a una narración de tu micrófono.

Screenr entonces publicara tu **screencast** en formato flash de alta definición, que podrás compartir de una forma muy fácil en Twitter, Facebook u otro sitio web.

Solo necesitas ingresar tu usuario y contraseña de Twitter y podrás crear tu propio Screencast.

Lo impresionante de Screenr es su tamaño máximo de captura hasta 2560x1600px, también existen muchas funciones que te permitirán pausar, adelantar e incluso realizar zoom. Probar Screenr es gratis.

34.4 Twitcam

Es una de las aplicaciones más populares para retransmitir vídeo en Twitter.

Esta nueva aplicación de Twitter supone una revolución en la publicación de mensajes en vídeo.

35. 7 Aplicaciones para agregar audio a Twitter

Audioboom http://audioboom.com/: Es una aplicación para tu móvil y web para grabar y subir audio a tu TL de Twitter, también puedes subir texto e imágenes.

Podemos subir archivos de audio desde **nuestro PC o desde un smartphone**.

Los servidores de Audioboom alojarán la grabación. El servicio nos dará una dirección url para compartir el contenido en cualquier red social o página web.

La herramienta es compatible con los formatos de audio Mp3, Wav, AAC, Ogg, FLAC y AIFF.

A la vez permite conectarnos a Twitter, Facebook y Tumblr para postear inmediatamente en estas plataformas.

Chirbit: Es una aplicación web excepcional que además puedes usar desde un smartphone. Además de lanzarla por Twitter o compartirla en Facebook puedes tener tu material en tu web.

ShoutoMatic: Graba audios y comparte en segundos. También está disponible para el iPhone. Desde donde puedes compartir voz / texto / foto y ubicación

AudioTweet: Es una aplicación que nos permite transformar cualquier texto en un archivo de audio para divulgar en Twitter, Facebook y Tumblr

Flipzu: Es una aplicación para PCs y smartphones que te permite compartir tu contenido de audio y voz en tiempo real.

Cinchcast: Graba audio en tu smartphone y comparte. Ver más aquí: http://cinchcast.com/

Tweetmic: Es una aplicación muy sencilla e intuitiva para el iPhone que te permite realizar grabaciones de audio de alta calidad o 'Tweetcasts' y publicarlas directamente a Twitter.

No hay límite de tamaño en cuanto a las grabaciones y no hay que registrarse para empezar a utilizar TweetMic.

TweetMic, te servirá para grabar tu propio audio o las canciones que escuches desde cualquier dispositivo para luego poder publicarlas como actualizaciones de estado a través de tu iPhone. ¿Sencillo no? Y es que publicar audio y música en Twitter con TweetMic nunca fue tan fácil.

36. ¿Cómo analizar las audiencias de Twitter?

Hay una herramienta sencilla y gratuita para analizar los Tweets que muestra el alcance que ha tenido una palabra, url, usuario o hashtag en Twitter, se llama **TweetReach**.

Su funcionamiento es sencillo, tan sólo se escribe el elemento que quieras buscar información y en un abrir y cerrar de ojos, la aplicación crea un informe con el numero de exposiciones.

tweetreach

How far did your tweet travel?

@joniaconsulting

search
You search for a url, Twitter name, phrase or hashtag

analyze
TweetReach analyzes the tweets that match your search.

report
TweetReach reports the reach and exposure data for those tweets

Tweetreach, es una herramienta para analizar audiencias en **Twitter en base a 50 Tweets recientes en los timeline**, analiza el alcance que pueden tener estos twitts.

¿Cómo lo analizamos?

Podemos ver los resultados de **@Abogacia_es**: Según este resultado, con 50 Tweets se han alcanzado 59 003 usuarios, es decir, usuarios que estaban conectados en el momento del lanzamiento de los Tweets.

TWEETREACH SNAPSHOT FOR

@Abogacia_es

ESTIMATED REACH

59,003
ACCOUNTS REACHED

EXPOSURE

67,664 IMPRESSIONS

ACTIVITY

50
TWEETS

47
CONTRIBUTORS

4
HOURS

También nos da información sobre los usuarios que más han contribuido al alcance de nuestros Tweets así como los Tweets más retwiteados.

TOP CONTRIBUTORS   MOST RETWEETED TWEETS

27.1k   @JpDemocracia   **13**   Abogacía Española @Abogacia_es   about 3 hours ago
IMPRESSIONS   Follow 27.1k followers   Hoy el ministro Catalá hablará de #TasasJudiciales.
                                                Este reportaje muestra cómo afectan a los
                                                ciudadanos ow.ly/CMiu50 vía @el_pais

2   @acijur   **11**   Abogacía Española @Abogacia_es   about 3 hours ago
RETWEETS   Follow 582 followers   El TS prohíbe hacer pruebas de edad a los
                                                inmigrantes menores con pasaporte válido
                                                ow.ly/CMNci

3   @garrigues_es   **6**   Abogacía Española @Abogacia_es   about 4 hours ago
MENTIONS   Follow 6,295 followers   Esta noche, a las 22h la brigada tuitera otra vez
                                                contra las #TasasJudiciales ow.ly/CMNni

En la columna de abajo hay información interesante donde podemos apreciar las participaciones de algunos de tus seguidores y la gente con mayor alcance que ha participado en **difundir tus contenidos en Twitter para conseguir un efecto viral**.

CONTRIBUTORS

	Tweets	RTs	Impressions
JpDemocracia	1	0	27.1k
garrigues_es	1	0	6.3k
abogados	1	0	4.2k
LPemprende	1	0	3.6k
icamalaga	1	0	3.3k
TiberioUned	1	0	2.6k
AndreuVM	1	0	2.1k
JesusIglesiasIU	1	0	1.9k
AidargLeon	1	0	1.8k
CyZabogados	1	0	1.7k
Icaourense	1	0	1.4k
jagarciacazorla	1	0	1.2k
AvogadosVigo	2	0	1.1k
mariajesusb2	1	0	1.1k
ccarreras01	1	0	883
RocabertyGrau	1	0	684
JusticiAlicante	1	0	682
luciaamtnez	2	0	656
leyespanolas	1	0	594
acijur	1	2	582
saldeana	1	0	452
fmarotog	1	0	430

37. Twitter Analitycs: herramienta para analizar las estadísticas de TWITTER

Llevábamos mucho tiempo deseando que Twitter proporcionara sus propias estadísticas y ¡ya están aquí!

Sin embargo, la red de microblogging ha abierto recientemente su panel de estadísticas a todos los usuarios que **tengan configurada su cuenta en inglés, francés, japonés o español**.

Cualquier Twittero que lleve **más de 14 días utilizando la plataforma**, puede acceder a todo tipo de informes sobre su actividad en la red, así como datos específicos de impresiones, alcance, número de interacciones... que ha recibido cada Tweet que ha enviado.

Para poder ver las estadísticas de vuestra cuenta podéis visitar Twitter Analytics: https://analytics.twitter.com, estando "activos" en Twitter, es decir haber introducido vuestro usuario y contraseña, o directamente ingresar en vuestra cuenta al ir a consultar el panel. Una vez registrado, se accede al panel principal con **datos globales** de los últimos 28 días.

En la barra de navegación superior hay tres opciones: **Tweets, Seguidores y Tarjetas de Twitter**. Las tarjetas de Twitter olvidaros de ellas.

37.1 Tweets

Actividad del Tweet

Podemos ver estos resultados con la opción de TWEETS y SEGUIDORES.

Lo primero que aparece es un gráfico de la evolución de las impresiones de los últimos 28 días (4 semanas) indicando cuántas ha habido y qué variación hay con respecto al período anterior (en mi caso casi un 60 % más).

También facilita en la parte derecha el número medio de impresiones.

A continuación lista todos los Tweets enviados (tanto los no patrocinados como los que sí lo están) e indica:

• **Impresiones**: entendidas como el número (potencial) de personas que han visto el Tweet en Twitter.

• **Interacciones**: número de veces que un usuario ha interactuado con un Tweet, incluyendo hacer clic en el enlace, en el hashtag (si lo tiene), en el perfil de la persona, avatar y en la extensión del Tweet, Retweets, respuestas, seguimientos y favoritos. Como se puede ver, cubre todos los aspectos.

• **Tasa de interacción**: es el número de interacciones (clics, Retweets, respuestas, seguimientos y favoritos) dividido entre el de impresiones.

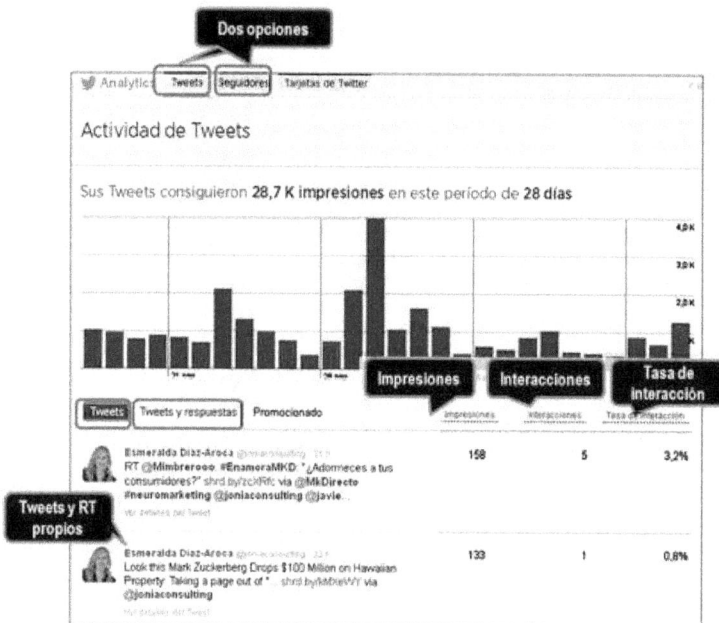

Podemos acceder a un Tweet determinado, pinchar y ver el detalle del Tweet, donde veremos la evolución de las impresiones, y cuantificación de las métricas clave: Impresiones, Respuestas, abrir el detalle, Favoritos, Clicks en el perfil del usuario y Retweets:

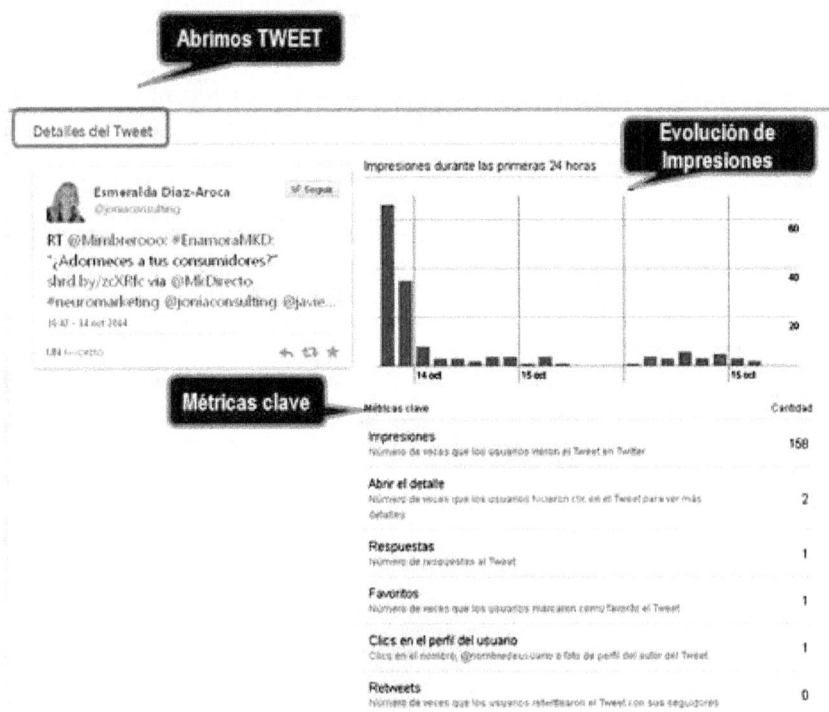

En la parte derecha de la pantalla verás las gráficas de interacciones (la tasa de interacción, el número de clics en el enlace, de Retweets, de favoritos –ya que están muy de moda marcar los Tweets como favoritos como si fuese un "me gusta" de Facebook- y de respuestas). En todos los casos se compara el período actual con el anterior.

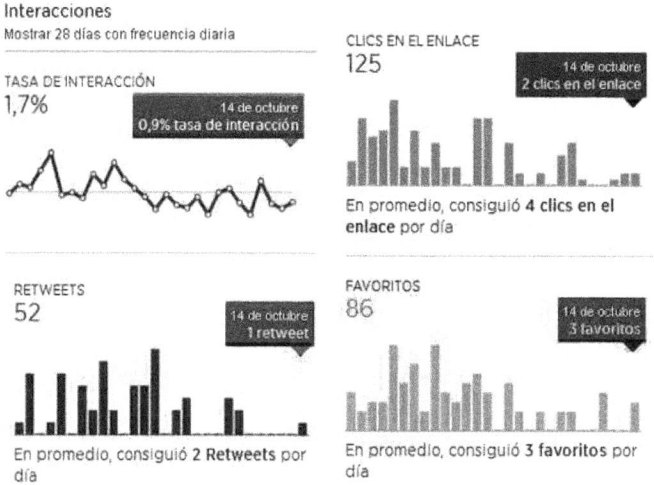

37.2 Seguidores

Si ahora navegamos por la pestaña SEGUIDORES del menú superior de navegación, veremos:

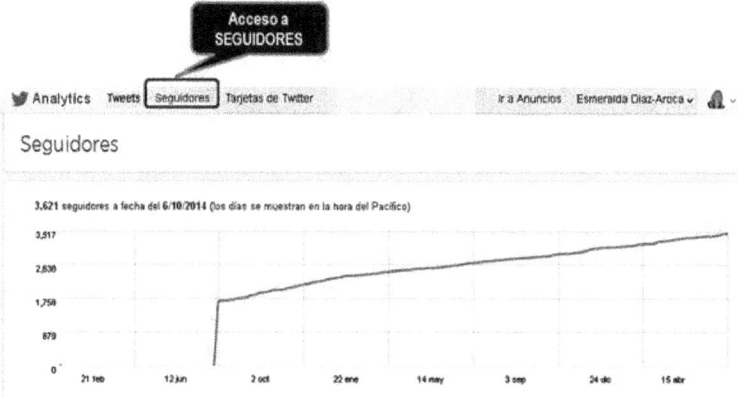

Este apartado indica la evolución del número de seguidores a lo largo del tiempo (ojo los que compran seguidores ya que en esta gráfico aparecerían saltos bruscos), intereses de los seguidores (si tenemos una cuenta "buena", deberían los nuestros), ubicaciones (en el caso del ejemplo, un 66 % de los seguidores son de España), género (67 % de hombres) y perfiles afines.

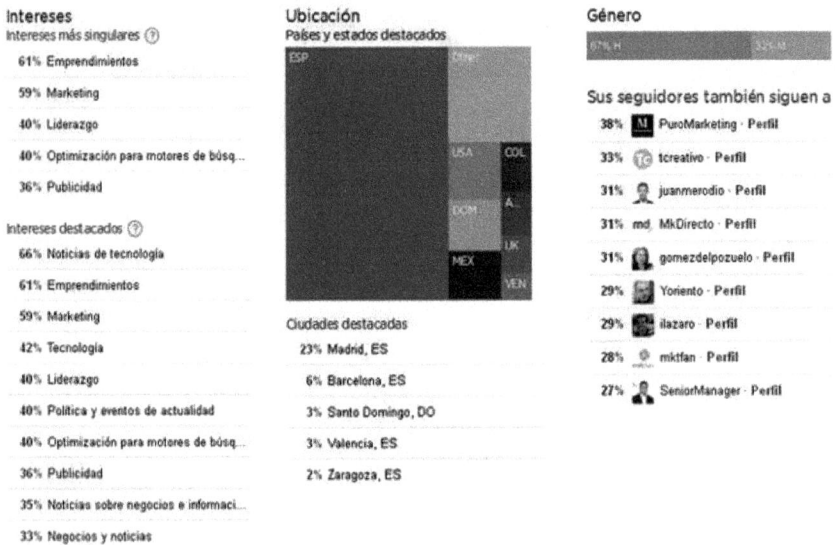

Intereses
Intereses más singulares ⑦
- 61% Emprendimientos
- 59% Marketing
- 40% Liderazgo
- 40% Optimización para motores de búsq...
- 36% Publicidad

Intereses destacados ⑦
- 66% Noticias de tecnología
- 61% Emprendimientos
- 59% Marketing
- 42% Tecnología
- 40% Liderazgo
- 40% Política y eventos de actualidad
- 40% Optimización para motores de búsq...
- 36% Publicidad
- 35% Noticias sobre negocios e informaci...
- 33% Negocios y noticias

Ubicación
Países y estados destacados

ESP · Otros · USA · COL · DOM · A. · UK · MEX · VEN

Ciudades destacadas
- 23% Madrid, ES
- 6% Barcelona, ES
- 3% Santo Domingo, DO
- 3% Valencia, ES
- 2% Zaragoza, ES

Género
67% H · 32% M

Sus seguidores también siguen a
- 38% PuroMarketing · Perfil
- 33% tcreativo · Perfil
- 31% juanmerodio · Perfil
- 31% md MkDirecto · Perfil
- 31% gomezdelpozuelo · Perfil
- 29% Yoriento · Perfil
- 29% ilazaro · Perfil
- 28% mktfan · Perfil
- 27% SeniorManager · Perfil

37.3 Tarjetas de Twitter

En este libro no vamos a detenernos mucho en ellas, simplemente te las explicaremos brevemente.

Las Twitter Cards o tarjetas de Twitter son un formato enriquecido para los Tweets, que permite a modo vista previa mostrar información multimedia del mismo con título, resumen, autor e imagen, lo que lo hace más atractivo a la vista del usuario.

Permiten añadir información adicional en el Tweet sobre el contenido propio generado (en la web o blog) enlazado: añadir una imagen, una descripción del artículo, etc. incitando a que el Twittero haga clic. En este apartado indican cómo las tarjetas afectaron a las impresiones y clics.

38. Otras herramientas para analizar Twitter

TWITTER COUNTER http://twittercounter.com/

Esta página da una información detallada acerca de tus followers, Tweets, mentions y Retweets entre otros. Hay una parte *free* y otra de pago. La *free* da información interesante. Puedes encontrar gráficas y cifras que te mostrarán cómo evoluciona tu perfil. Igualmente ofrece herramientas como twitter widget, twitter mail, twitter buttons, entre otras. Te recomendamos entrar al blog donde pueden encontrar tutoriales y mucha más información de lo que ofrece el twitter counter. http://twittercounter.com/blog

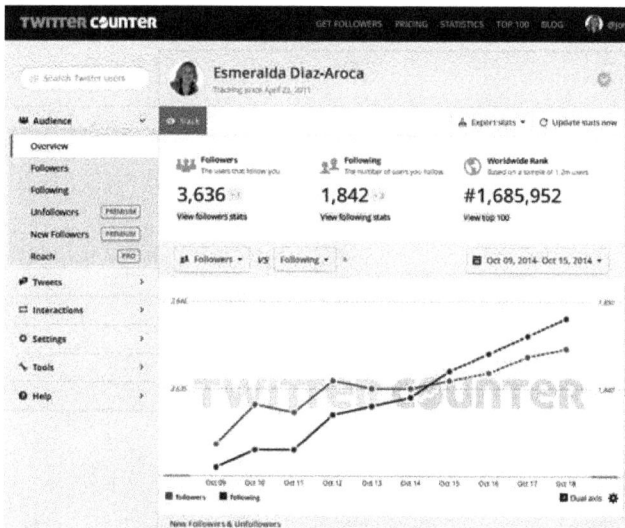

RETWEETRANK http://www.retweetrank.com/

En Retweetrank podrán encontrar el ranking de tus Tweets a partir de la cantidad de veces que te Retweetean.

39. ¿Cómo vincular tu BLOG con TWITTER, Facebook y Linkedin?

Cada vez que subas un artículo a tu blog puedes automatizar su difusión en TWITTER, y despreocuparte de hacerlo cada vez que escribas.

La manera de llevarlo a cabo es vinculando tu blog con Twitter, Facebook y Linkedin gracias a una aplicación llamada **Twitterfeed**, ayudándote a ser más productivo cada vez que publiques tus post ó tus contenidos en tu blog.

Para acometer este ejemplo deberás disponer ya de cuenta en Twitter y/o Facebook o por lo menos en una de los dos. Antes de continuar, es conveniente que inicies sesión en estos servicios.

Vincular el Blog con Facebook y Twitter utilizando el servicio TwitterFeed

- Accede a twitterfeed.
- Crea una cuenta nueva si no la tenías antes.
- En la casilla *Feed Name* coloca un nombre ejemplo el nombre de tu blog

• En la casilla **_Blog RSS_** o **_RSS Feed URL_** deberá indicar tu canal **_RSS_**, ejemplo: RSS original: http://direccopndetublog.blogspot.com/atom.xml

• Presiona el botón test **_rss feed_** para confirmar que es correcto

• Donde pone **Advance Settings**, despliégalo para curiosear y verás un dato importante es la frecuencia con la que el servicio rastrea tu blog, **por defecto cada 30 minutos**.

• Avanza al siguiente, presiona Twitter y luego Facebook (es indiferente el orden), donde te pedirá que concedas permiso para acceder a tu cuenta y listo. Hecho esto ya lo tienes.

Recuerda que si tienes una página de Fans en Facebook debes seleccionarla en la configuración de TwitterFeed de lo contrario las publicaciones pueden ir a parar a tu perfil personal.

Escribe una nueva entrada en el blog y prueba el servicio. Verás que tienes un botón que se llama check now que te permite una vez publicado tu post, no esperar los 30 minutos.

40. Cómo utilizar Twitter con Facebook

¿Quieres publicar tus Tweets en tu perfil de Facebook? Conecta tus cuentas de Twitter y de Facebook usando la integración de Twitter para Facebook.

Por favor nota: Cuando conectas tu cuenta de Facebook con tu cuenta de Twitter, tus Tweets aparecerán en tu página de perfil y tu nombre de usuario de Twitter se mostrará a tus amigos de Facebook.

Para conectar tu cuenta de Twitter con tu cuenta de Facebook:

Inicia sesión en tu cuenta de Twitter que quieres asociar con tu perfil de Facebook.

1. Visita el menú de Configuración y selecciona la pestaña de Perfil. Avanza hasta el final de la página y haz clic en Publica tus Tweets en Facebook.

2. Una vez que haces clic en el botón, verás la conexión cargándose. Luego verás un botón de Conectar a Facebook.

3. Si no has iniciado sesión en tu cuenta de Facebook, una ventana te pedirá ingresar tu información de inicio de sesión en Facebook. Después de iniciar sesión, haz clic en Permitir para aceptar el diálogo de permisos, que se muestra abajo.

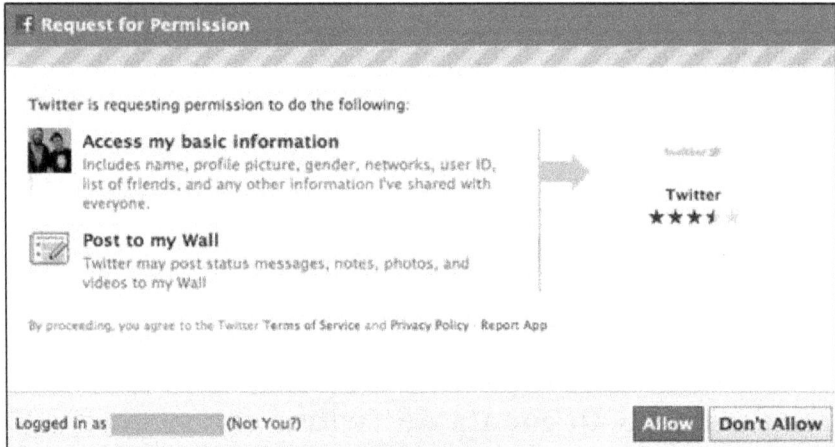

Después de enlazar tus cuentas de Twitter y Facebook, dirígete a la configuración de Aplicaciones de Facebook y selecciona Twitter. Verás la sección de privacidad de las aplicaciones. Si quieres que tus amigos puedan ver tus Tweets en tu muro de Facebook, selecciona "Amigos" y como la opción para compartir en el menú desplegable (como se ve en la segunda imagen abajo).

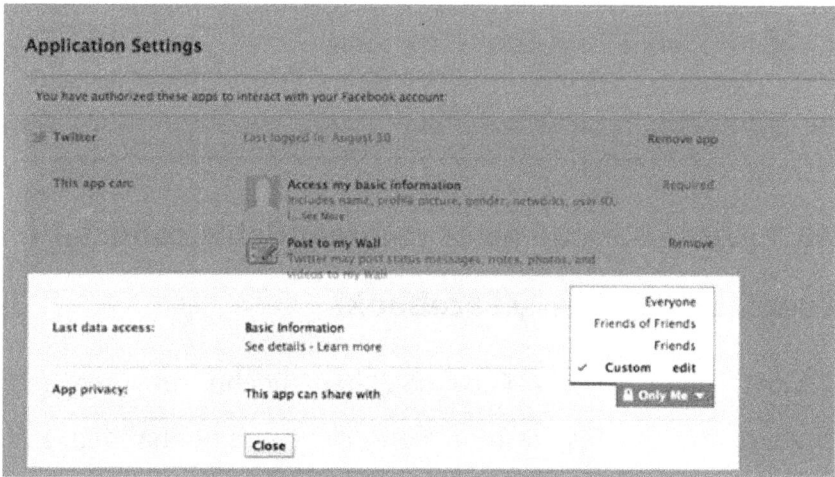

Importante: debes hacer clic en Permitir en el diálogo mostrado arriba y señalar Amigos en el menú desplegable en la privacidad de tus aplicaciones para que tus amigos puedan ver tus Tweets en tu perfil de Facebook.

Después de completar estos pasos, tus Tweets se publicarán en Facebook

Nota: Twitter para Facebook no publica Retweets o @respuestas

Si tus Tweets no aparecen en tu perfil de Facebook, por favor asegúrate de marcar la caja de Publica tus Tweets en Facebook en tu configuración de perfil (ver abajo) y que has seleccionado Amigos en el menú desplegable.

☑ Post your Tweets to Facebook.
Tweets that are @replies and direct messages will not be posted.

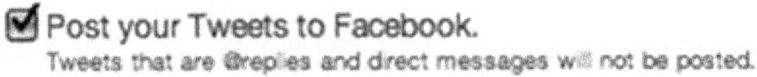

40.1 ¡Ojo! ¿Por qué no es recomendable conectar tus cuentas de Twitter y Facebook?

Tanto Twitter como Facebook han hecho que sea muy sencillo conectarlas, pero no siempre es una buena idea. Pero podríamos pensar: "estamos hablando de marcas, no de personas". No te confundas. Aunque para nuestras cuentas personales conectar tus Tweets con tu muro de Facebook puede sonar a gran idea, matando dos pájaros de un tiro y actualizando a todos tus amigos de TODO lo que pase, ninguno de ellos te lo agradecerá, por muy fácil que a ti te resulte.

Y bien, **¿por qué no debemos conectarlas?** Se puede decir que la gente que está conectada en Twitter no espera lo mismo que la gente que está conectada en Facebook (aunque a veces coincidan y sean el mismo grupo). Cada red está específicamente diseñada para una audiencia y con un distinto mensaje en mente.

Twitter es una red de alto volumen, donde puedes Twittear 10, 20 veces al día y nadie te dirá que les estás saturando. Es una red más informal y holgadamente conectada, donde puedes seguir a un gran número de gente, aquellos que conozcas y que no, además no requieres permiso para hacerlo.

Facebook, por otra parte, **es mucho más personal**. Te haces amigo de la gente que acepta tus peticiones de amistad, lo que implica un cierto nivel de familiaridad. El volumen de actualizaciones en Facebook es mucho menor que en Twitter. La gente podría esperar 1, 2 actualizaciones de estado al día, como máximo.

La cultura de ambas redes es diferente así que, si las combinas, te **arriesgas a alienar a tu público**. Posteando tus *Tweets* en tu perfil de Facebook inundarás a tus amigos, estado tras estado, dominando su feed de noticias, pudiendo llegar a ser considerado spam. Por ejemplo, esos 10 Tweets que has escrito encajan perfectamente en el timeline a tiempo real de Twitter, pero en tu Facebook saturarán tu muro y quizás se traduzcan en perder una amistad o ganarse un bloqueo.

La **sintáxis también es diferente**: Twitter se maneja con hashtags (#) y menciones (@) para funcionar y utiliza abreviaciones como DM (mensajes directos) o RT (Retweets), mientras que la sintáxis que puedes encontrar en Facebook no es tan específica de un nicho concreto. Si llenas tu muro de Facebook con actualizaciones de estado de tu Twitter del tipo "@LadyGaga es la reina de los #LittleMonsters, verdad? RT @AmigoX @LadyGaga es la mejor!", tus amigos de Facebook puede que no se enteren de que lo estés escribiendo y se pueden sentir molestos.

Hemos de decir que siempre hay **excepciones a la regla**. Por ejemplo, si no tuiteas a menudo (2 o 3 veces al día, e incluso no todos los días), conectar Twitter con Facebook no sería muy diferente para tus amigos de Facebook. Aún así, la mejor manera, en nuestra opinión, si quieres conectar ambas redes sería sincronizar ambas cuentas con una aplicación tipo Tweetdeck o Hootsuite, y seleccionar ambas redes para aquellos Tweets que consideres que podrían ir bien en Facebook, sin convertirte en un pesado spammer.

41. Herramientas para optimizar el uso de Twitter

A pesar de la sencillez de Twitter, si quieres sacarle todo su jugo, existen multitud de aplicaciones que te van a ayudar a optimizar tu tiempo y organizar mejor tu acciones. Esto es una recopilación de las mejores:

41.1 Hootsuite (http://hootsuite.com/)

Es de gran utilidad si quieres gestionar todas las redes sociales desde una sola aplicación. Permite administrar todos tus perfiles sociales desde una sola ventana, tanto para el usuario particular como para las empresas.

Hootsuite permite la integración de las cuentas de Facebook y Twitter, así como los perfiles de LinkedIn, MySpace,

FourSquare y escribir entradas de blogs de Wordpress desde la misma aplicación. Existen tres tipos de cuenta: Basic, Pro y Enterprise. La cuenta básica, ofrece muy buena funcionalidad de uso, aunque por el momento no permite el uso de la red social Google +, que únicamente está disponible en la versión Entreprise.

Otra de las ventajas de Hootsuite es que permite recibir estadísticas de nuestra presencia en las redes sociales, mostrando los enlaces más visitados y las entradas que más han llamado la atención entre nuestros seguidores. Además, dispone de un servicio de programación para actualizaciones de estado y un acortador de enlaces que actúa automáticamente.

De esta forma, Hootsuite ayuda a simplificar el uso de las redes sociales, permitiendo gestionar las distintas redes desde una misma plataforma, sin necesidad de recordar multiples contraseñas y enviando a nuestro mail las estadísticas. Sin duda una aplicación sencilla con múltiples ventajas:

• Gestionar varias cuentas de Twitter desde un mismo sitio

• Programar el envío de Tweets

• Obtener estadísticas de clicks en los enlaces publicados

• Acortamiento de URL

- Crear grupos de usuarios
- Establecer búsquedas por palabras clave

De todas las alternativas Hootsuite nos parece la más completa. Con la opción Hootsuite Pro, puedes tener **hasta dos usuarios** (1 lo ofrecen gratis) que gestionen los perfiles en redes sociales **por menos de 10€ al mes**, además de todas las funcionalidades de análisis que integra, como Google Analytics y Facebook Insights. También dispone de aplicación para móvil.

41.2 Tweetdeck (http://www.tweetdeck.com/)

TweetDeck pertenece a Twitter y es gratuita. Puedes añadir tus timelines de Twitter y de Facebook y también dispone de opciones de filtro para recibir menciones directas, seguir tendencias, etc.

41.3 GroupTweet (http://www.grouptweet.com/)

GroupTweet se ha colado entre la gran lista de nuestras favoritas. No es muy completa en cuanto a funcionalidades, pero incluye al menos acceso a un número ilimitado de usuarios por perfil, además de ofrecer la posibilidad de añadir una identidad propia a cada miembro que gestiona la cuenta.

Es gratis y tiene una versión Pro con algunas funcionalidades más como filtros de búsqueda.

41.4 MarketmeSuite (http://marketmesuite.com/)

Social Inbox de **MarketmeSuite** ha lanzado gratis su versión Beta. Tiene una interfaz muy sencilla de manejar y funcionalidades avanzadas como Geotargeting, programación de Tweets, opciones de filtro, monitorización de influencia con Klout, incluso Google Calendar! Además se pueden añadir varios gestores de cuentas. ¿Y cuál es la pega? Pues la pega es que sólo te deja añadir 3 perfiles.

41.5 Postling (https://postling.com/)

Postling es de pago y ofrece:

• Gestionar todas tus cuentas desde un sólo sitio
• Seguir y monitorizar las menciones de tu negocio
• Compartir acceso con otros usuarios del perfil
• Informes y análisis del rendimiento de tus perfiles

41.6 SpredFast (http://spredfast.com/)

Ofrece funcionalidades muy avanzadas de medición y análisis del rendimiento de tus perfiles, además de las funciones básicas de gestión, monitorización y publicación desde una sola plataforma. No indican el precio en su site.

41.7 Buffer (http://bufferapp.com/)

Es una aplicación y no recoge ni la mitad de funcionalidades que Cotweet, pero permite integrar una cuenta de Twitter y de Facebook en su versión gratuita. Como ventajas, decir que hace las publicaciones más fáciles y los datos estadísticos que ofrece son muy útiles.

41.8 Seesmic (https://seesmic.com/)

Es una aplicación gratuita y ofrece apps para iPhone y Android. Es compatible con Chrome, Firefox y cualquier navegador de internet. Se pueden integrar cuentas de Twitter, Facebook, LinkedIn e incluso Salesforce. Merece la pena probarla.

Puedes ver y actualizar sus cuentas de Facebook y Twitter, todas al mismo tiempo; además de buscar, compartir fotos y videos y recibir notificaciones de nuevos mensajes. Puedes compartir fotos, videos y ubicación utilizando servicios como: Lockerz, yFrog, TwitPic e incluso Youtube. También incluyen un widget para que no se pierda de una sola actualización de cualquier servicio.

Sus características incluyen:

• Integración completa de Facebook, incluyendo la administración de la cuenta y la publicación a páginas de Facebook de las que es administrador.

• El mejor cliente de Twitter en Android, con todas las características que necesita en una simple pero poderosa interfaz: soporte para múltiples cuentas de Twitter; actualizaciones cruzadas, listas, Retweets, integración con TwitLonger para Tweets más largos, vista en hilo de conversación para conversaciones públicas...etc.

42. App de Twitter para móviles y tablets

No siempre vas a estar delante del ordenador, por ello Twitter pone a disposición de los usuarios su aplicación para móviles y tablets de forma gratuita. Puedes descargarla tanto en Google Play si tienes un terminal de Android, como en la App Store de Apple si eres usuario de iPhone o iPad. Una vez descargada en tu terminal, únicamente deberás introducir tu usuario y contraseña para acceder. La aplicación oficial de Twitter te permite utilizar la red social de una forma cómoda y sencilla desde cualquier lugar.

La aplicación es muy intuitiva y no tendrás ningún problema al utilizarla. Envía y recibe Tweets, recibe notificaciones, haz Retweets, marca favoritos, sigue a nuevos usuarios, manda mensajes directos, edita tu perfil, cambia tu foto o crea listas. Como puedes ver es más que una simple app de Twitter, puedes utilizar las principales funciones en tu móvil.

Algunos datos sobre el uso de Twitter en el móvil:

• Los usuarios de móvil interactúan más que el usuario medio de Twitter

• El 80% de los usuarios utiliza el móvil para acceder a Twitter

• El 69% de los usuarios móvil lo utilizan como medio habitual y primario

• El 70% de los usuarios móviles siguen a marcas.

• 1 de cada 2 visitó la página web de la marca.

• 1 de cada 2 lo utiliza en eventos en directo.

• El 58% hace click en los enlaces.

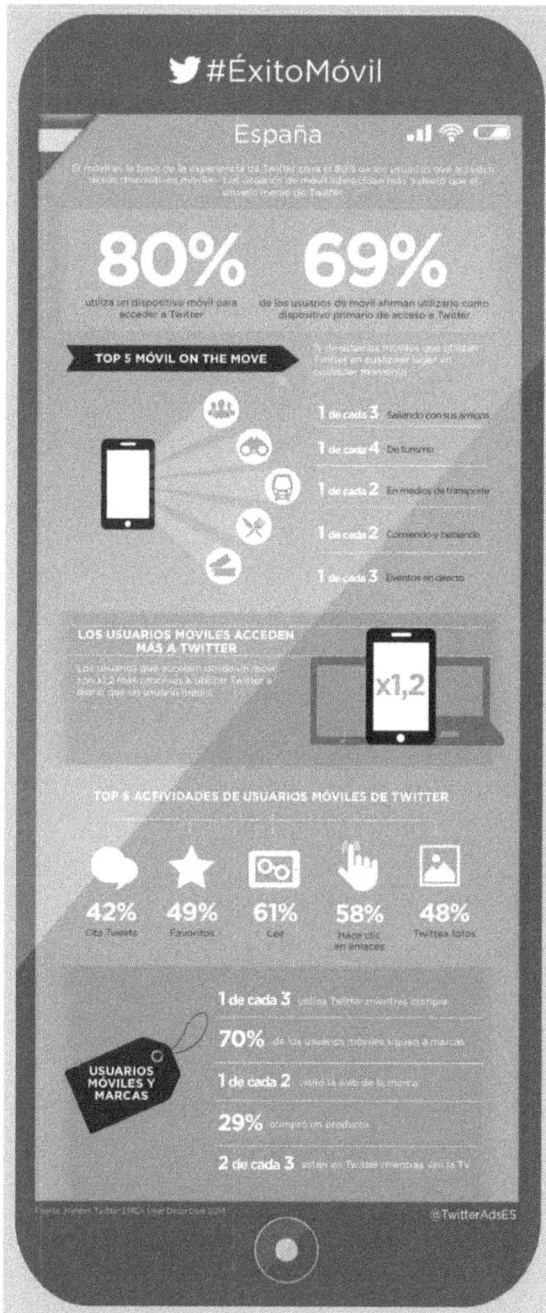

6 Fuente: Nielsen Twitter EMEA User Deep Dive 2014

43. Abogados con blog: cómo crear Tweets dentro de tu post y potenciar tu branding: ¡Click to Tweet!

Muchos abogados tienen su propio blog y de alguna manera, generar Tweets de determinadas partes de sus posts les ayudará a potenciar sus contenidos y su personal branding. Esto ya es posible gracias a **CLICK to TWEET**.

Si eres uno de esos abogados bloggers, ¡ponte manos a la obra!

Los botones de twitter permiten a los que visitan tu blog o web, twitear un post ó página, pero no toda su totalidad. A veces no siempre nos interesa que se twitee el post a través de su título que es como lo hacen la mayoría. Nos puede interesar destacar determinadas frases de nuestro post para que sean twiteadas. Lo vamos a llevar a cabo con **CLICK to TWEET.**

43.1 Twitear partes, no un todo: hazlo con Click to Tweet

ClickToTweet es una sencilla herramienta online que te va a permitir crear de forma muy sencilla un texto dentro de tu post con capacidad de ser TWITEADO.

Click to Tweet tiene una parte "free" que te permite crear hasta 5 links. Por menos de 5 dólares al me puedes disfrutar de este servicio sin límite de links.

Vamos a ver un ejemplo, imagínate que estás hablando de la importancia de saber cómo construir un Tweet para que sea más efectivo y así potenciar tus contenidos y tu branding... y dices algo así como:"***Los Tweets entre 120 y 130 caracteres consiguen mayor CTR***" Y esto quieres que se convierta en un TWEET.

43.2 Pasos para generar un texto listo para Click to Tweet

Paso 1.-Lo primero que tienes que hacer es crear un texto seductor:

¿Sabías que los Tweets entre 120 y 130 caracteres consiguen mayor CTR?

Paso 2.-Generar un enlace acortado de tu post.

Habitualmente nosotros usamos OWly, vía HOOTSUITE

Paso 3.- Diseña tu Tweet a 138 caracteres en total (para que puedan hacer RT sin problemas)

¿Sabías que los Tweets entre 120 y 130 caracteres obtienen mayor CTR? http://ow.ly/uIZUj (vía @ joniaconsulting)

Paso 4.- Pega este texto-Tweet en la caja de entrada de la aplicacion Click to Tweet

Haz clic en el botón Generar Link.

Paso 5.- Recibirás un enlace/URL que podrás pegar donde desees. El nuestro se parece a esto; http://ctt.ec/Qum_t

Vamos a seguir adelante y probarlo. Echa un vistazo como queda:

http://www.esmeraldadiazaroca.com/2013/08/como-tener-mas-clicks-twitter-personal-branding.html

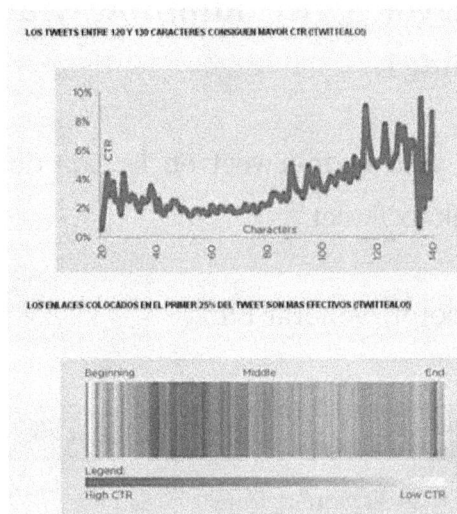

Si haces clic en el enlace de Twitter, verás que originará un Tweet exactamente igual que el de arriba. Sólo pruébalo!

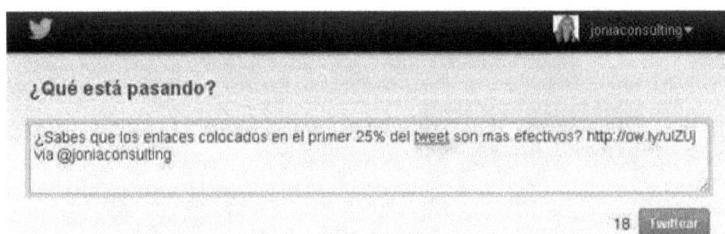

44. Abogados con blog y con poco tiempo: difunde los contenidos de tus post en Twitter a través de BlogsterApp

Si tienes un blog y quieres que tus posts se difundan y se revitalicen en Twitter sin que tengas que invertir tu tiempo en programar y en estar continuamente pendiente de re-vivir buenos posts te aconsejamos uses la nueva aplicación española BlogsterApp: http://blogsterapp.com/es

BlogsterApp es una aplicación online, es un superconector, gestor y difusor entre tu blog, Twitter y otras redes sociales.

Blõgsterapp
El servicio de difusión social media para **Bloggers y Community Managers**
www.blogsterapp.com

Podrás sincronizar de un clic todo el contenido de tu blog, seleccionar qué publicaciones quieres que se difundan y cuáles no por tener una caducidad en su temática, podrás determinar qué días de la semana quieres que se difundan, en que franja horaria y con cuantos mensajes máximos al día, BlogsterApp hará el resto: difundir tus posts. El ciclo es infinito, solo tu decidirás si lo quieres interrumpir o desechar aquellos titulares que tengan menor repercusión o enganche y quedarte con los que mejor te estén funcionando.

Pero además podrás darle tu toque creativo porque te permite crear hasta 5 titulares de cada post y ver así cual es el que mejor engagement produce y difundir noticias de terceros relacionados con tu sector.

Estas son las 10 características más importantes de BlogstersApp:

1. Sincronización directa de publicaciones con Blogger y WordPress.org

2. Gestión de contenido promocionable y no promocionable

3. Titulares asociados a cada publicación de tu blog. Hasta un total de 5

4. Gestión de noticias de terceros, para mantener a tu comunidad informada

5. Difusor de Twitter, Facebook, Linkedin y Google+ a media de cada comunidad

6. Programa para definir el orden en el que se recorren tus publicaciones

7. Estado de tu blog, para comprobar que cumples con todos los requisitos

8. Bandeja de salida, para ver, editar, compartir, eliminar los mensajes propuestos

9. Estadísticas para analizar, medir y ajustar la difusión

10. Aplicación web con diseño responsivo para acceder desde cualquier dispositivo

En definitiva, si eres un abogado muy ocupado y con poco tiempo para andar programando, tu solución es BlogsterApp.

Beneficiate de haber adquirido Twitter para abogados: 40% descuento en BlogsterApp

BlogsterApp tiene una versión starter gratuita, pero gracias a que has adquirido "**Twitter para abogados**" tenemos un acuerdo con BlogsterApp y puedes acceder a la versión Bloggers con un 40% de descuento durante todo el 2015,

Para ello solo tendrás que escanear este código y beneficiarte de la promoción. Esto representa un **40% de descuento** por un año + 2 meses gratis de prueba.

45. Abogados con blog: Plugins para tu blog

45.1 Twittmeme

El botón de Twittmeme hace muy sencillo que las personas que lleguen a tu blog lo compartan con sus contactos en Twitter, simplemente utilizando este botón. Esto te permite tener una mayor exposición de tus posts, incluso aunque no tengas cuenta de Twitter. Un plugin que no debería faltar en ningún blog hoy en día.

45.2 Twitter Updater

Este sencillo plugin lo que hace es que cada vez que haya un post nuevo en tu blog, automáticamente se genere un Tweet en Twitter. De esta manera puedes automatizar la manera de compartir tus post en Twitter. Con Twitter Updater lo puedes hacer de de forma muy sencilla.

45.3 TweetBacks

TweetBacks analiza quien ha comentado o compartido alguno de tus artículos en Twitter y lo añade como comentario dentro de tu blog, de esta manera no solo tendrás los comentarios y Trackbacks que realicen en tu blog, sino que además tendrás las referencias en Twitter.

45.4 Widget de Twitter

El propio Twitter.com hace posible crear estos Widget de forma gratuita y que lo que te permite es compartir algunos de los Tweets más interesantes con tus seguidores y bueno pues de esta manera pues integrar Twitter dentro de tu blog de forma muy sencilla. Esto Twitter te lo da de forma gratuita también.

45.5 Twittar

Este plugin hace que el avatar de las personas que comentan en tu blog sea el de Twitter. De esta forma será más fácil que identifiques a los seguidores de twitter que también dejan comentarios en tu blog.

Añade estos plugins a tu blog de wordpress para conseguir una mejor integración con tu cuenta de Twitter.

46. Complementos para Firefox

Si surcas la web con **Firefox** y eres entusiasta de **Twitter**, hay muchos complementos de navegador web que te ayudarán a mejorar la experiencia considerablemente. En MyCOMPUTER proponen los siguientes 5 para potenciar la combinación entre navegador y servicio... y es que zorro y pajarito nunca se llevaron tan bien.

Firefox con Twitter

Este es el único **complemento oficial** que existe, desarrollado por la misma red social para facilitar las búsquedas de **usuarios y hashtags directamente desde la barra de direcciones del navegador web**, simplemente escribiendo @nombre o #hashtag, respectivamente. También "fija" una pestaña, para un mejor acceso al sitio.

Echofon for Twitter

Llamado en un principio TwitterFox, este es quizás el complemento más completo que encontrarás. Añade un **icono en la barra de estado** que te avisa cuando hay nuevos mensajes e incluye **diferentes vistas desde las**

que seguir las actualizaciones en la línea temporal y enviar tus propios Tweets.

Twitbin

Si el anterior complemento no es de tu agrado, Twitbin es similar, pero relegando la **gestión de la red social al panel lateral de Firefox**. Uno de los más completos.

Power Twitter

Como su nombre indica, Power Twitter potencia la funcionalidad de la red social directamente desde su página web, habilitando la **reproducción de contenidos sin salir del sitio** (ya no verás solo una captura de un vídeo, ¡podrás ver el vídeo!).

Tweet Line

Tweet Line es un complemento muy simple que básicamente añade una **barra con información de la línea temporal de la red social**, para tener los últimos movimientos siempre a la vista, aunque hay que advertir que todavía no ha sido actualizado para Firefox 6.

47. Extensiones para Google Chrome

Si eres un usuario extremo de Twitter, es decir un usuario que pasa casi todo el tiempo en la red de microblogging para informarse y compartir contenido, recomendamos instalar y utilizar las siguientes extensiones compatibles con el navegador Google Chrome.

Tweet Button: La forma más sencilla de compartir un mensaje desde el navegador.

Twitter Notifier: Para no perderte lo que está pasando en Twitter, esta extensión te notifica de DM, Retweets, respuestas y más.

Embedly: La nueva versión de Twitter te permite ver las imágenes y los videos de YouTube sin salir del sitio. Sin embargo, la vista previa no siempre está disponible para otros servicios. Esta extensión te permite ver vistas previas incrustadas de hasta 200 sitios diferentes. Si alguien comparte un MP3 en SoundCloud lo puedes escuchar en el mismo lugar sin ir al sitio original.

Open Tweet Filter: Perfecto para filtrar Tweets y salir ileso del ruido. Puedes configurarlo para no saber nada de "Justin Bieber".

Remove Twitter Promotions: Elimina los enlaces de Twitter promovidos.

Retweet Old School: Recupera el estilo clásico de hacer Retweet.

Twitter Extender: Completa extensión con una serie de funciones como acortador de URL, Tweets de más de 140 caracteres, RT tradicional y notificaciones.

Twitterbar: Es una simple extensión que aparece en la barra de Chrome y te permite mandar Tweets al instante.

48. TWITTER Consejos para abogados

1.-Encuentra gente en diferentes directorios.

Aunque parezca mentira ya existen directorios en donde pueden encontrar usuarios de Twitter organizados por temáticas, profesiones o keywords.

Estos son los más populares:

• Wefollow (http://wefollow.com/)
• Twellow (http://www.twellow.com/)
• Just Tweet it (http://justtweetit.com/)
• Tweetfind (http://www.tweetfind.com/)

2.-Consigue seguidores.

Comenzar a seguir a otros usuarios y recibir sus actualizaciones es una de las partes interesantes de Twitter. Sin embargo, ahora necesitas también tener tus propios seguidores que lean tus actualizaciones y con los que puedas mantener conversaciones y compartir contenido. Por eso es tan importante que toda la información de tu perfil esté completa y personalizada, ya que junto a tus Tweets, serán los datos que los usuarios tendrán para decidir si les merece la pena recibir tus actualizaciones.

Estas son algunas de las tácticas que puedes utilizar para conseguir seguidores:

• **Sigue a otros usuarios**: Es la manera más básica y sencilla de conseguir seguidores. Si tú sigues a un usuario, éste recibirá una alerta por email de que tiene un nuevo seguidor, por lo que hay muchas posibilidades de que revise tu perfil para ver quién eres. Si tus Tweets e información del perfil le gustan, es posible que te siga a ti también.

• **Promociona tu cuenta de Twitter**: Si nadie sabe que estás en Twitter, es muy difícil que alguien te siga. Promociona tu perfil de twitter en lugares como tu blog, tu web, tu perfil de Linkedin y en la firma ó pie de tus emails.

• **Añade tu perfil en los directorios**: Del mismo modo que usar los directorios de usuarios de Twitter es un buen método de encontrar usuarios interesantes para seguir, también lo es para conseguir seguidores. Introduce tu perfil en la categoría que mejor te represente y de esta manera otros usuarios que estén buscando gente como tú podrán encontrarte más fácilmente.

• **Twitea con regularidad**: Es muy difícil conseguir atención si no se Twitea con cierta regularidad. Mantener una cuenta de Twitter puede consumir tiempo, pero si quieres hacer crecer tu audiencia, tendrás que Twitear de forma regular.

• **Aporta valor**: Al estar utilizando Twitter de forma profesional, es importante que te establezcas como una voz autorizada en tu sector. ¿Cómo lo consigues? Twiteando mensajes de gran relevancia sobre tu sector, enviando links de fuentes importantes, manteniendo conversaciones sobre un tema concreto de tu sector y ayudando a otros usuarios con posibles dudas.

• **Llama la atención de los líderes**: Encuentra a los líderes del sector jurídico en Twitter y publica algún mensaje en el que los menciones. Si el mensaje es lo suficientemente interesante, es probable que te contesten, de manera que tu nombre y perfil quedan expuestos frente a sus miles de seguidores, lo que hará que muchos de ellos decidan seguirte.

3.-Interactúa con otros usuarios

Para comenzar una conversación, puedes enviar un mensaje a un usuario de manera pública, o puedes hacer referencia a un usuario. Tal y como hemos aprendido páginas atrás, para ello debes escribir su nombre de usuario precedido de una @ (ej: @joniaconsulting). Un ejemplo de cómo podrías mandarnos un mensaje en Twitter: "@joniaconsulting @RbertoEspinosa Hola Esmeralda y Roberto! Me ha encantado vuestro libro **"Twitter para abogados"**. Escribiendo el mensaje de esta manera, Twitter identifica que va dirigido a nosotros, y lo incluirá en mi bandeja de "Notificaciones".

Enviar un mensaje a un usuario de manera privada y que no entre en el flujo general de mensajes de Twitter es algo diferente, y como ya hemos explicado anteriormente se llama "Direct Message" o mensaje directo.

Cuando un usuario recibe un mensaje directo además de aparecer en su bandeja de mensajes directos de Twitter, el sistema envía una alerta al email del usuario, informándole que tiene un nuevo mensaje directo.

Recordemos como enviar un mensaje directo: para enviar un mensaje directo puedes acceder al perfil del usuario (en la parte derecha) y hacer click en la palabra "message", o puedes twitear D nombredeusuario y luego el mensaje. Ej: "D joniaconsulting ¿Podemos reunirnos mañana?"

4.- Interactúa con los principales bloggers y periodistas

La gran mayoría de bloggers y periodistas importantes son muy activos en Twitter, lo que te permite entablar conversaciones con ellos y desarrollar una relación que te puede ayudar en posteriores esfuerzos de R.R.P.P. José Luís Orihuela, del blog eCuaderno (http://www.ecuaderno.com) ha hecho una brillante recopilación de los principales periodistas españoles en Twitter:

Otras fuentes donde encontrar periodistas en Twitter:

- http://www.twibes.com/group/periodistas
- http://muckrack.com/

En esta lista de Twitter puedes encontrar sitios de noticias jurídicas:

https://twitter.com/CarlosSotoM/lists/lawnews?lang=es

5.-Presta atención a las oportunidades editoriales

La propia naturaleza de Twitter lo hace un lugar muy atractivo para que algunos periodistas lo utilicen para conseguir fuentes ó datos para sus reportajes por lo que debes prestar especial atención a los Tweets de estos usuarios. También es una buena idea enviarles enlaces relevantes relacionados con su especialidad para establecer una mejor relación.

49. Twitter como herramienta de Marketing

Utiliza Twitter para llevar tráfico a tu web

Una de las principales cosas para las que puedes utilizar Twitter, es para llevar tráfico hacia tu web o blog. Cuando tengas un nuevo post, un nuevo informe para descarga gratuita, o cualquier otra cosa, comunícaselo a tus seguidores. Como siempre, si lo que les envías es valioso, es muy probable que lo compartan a su vez con sus seguidores, creando un efecto viral que llevará mucho tráfico a tu web.

Esto a su vez provocará que más gente comience a seguirte, por lo que más gente revisará tu perfil, y probablemente haga click en el enlace hacia tu web para saber más de ti, lo que también te ayuda a incrementar el tráfico.

Vigila tu marca ó producto en Twitter

Twitter se ha convertido en la mejor manera de saber que piensa la gente sobre tu marca, producto, competencia, ó cualquier palabra clave para tu mercado, siempre en tiempo real. Esto te permite reaccionar al instante y solucionar el problema que sea, saber que le gusta ó que no le gusta a la gente sobre tu competencia ó incluso saber cuando alguien necesita algo que tú le puedes ofrecer. Para poder saber todo esto, utiliza la herramienta de búsqueda de Twitter (http://search.twitter.com) y suscríbete al feed RSS de las búsquedas que quieras para conocer en todo momento qué es lo que está pasando.

Usa los favoritos de Twitter como testimonios de tu bufete o servicios jurídicos

Utilizando el símbolo de la estrella que hay a la derecha de cada mensaje de Twitter, puedes guardar los que consideres Favoritos. Puedes utilizarlo para señalar los mensajes en los que usuarios hablan bien de tu bufete o servicio jurídico y utilizarlo como una fuente más de testimonios que respaldan la calidad de tu trabajo.

Usa Twitter para promover eventos

La próxima vez que tu empresa haga un evento, comunícalo a través de Twitter y utiliza un "hashtag" para identificar el evento y que la gente lo utilice cuando haga referencia a él. De este modo también puedes saber en tiempo real que es lo que piensa la gente sobre el propio evento. Por ejemplo, el evento "Legal Forum 14" utilizó en el último evento: #LegalForum14

Establécete tú o tu bufete como un líder o experto en el sector jurídico

A modo de micro-blog, enviando mensajes que aporten valor, consejos, recomendaciones, y enlaces interesantes, podrás establecerte como un experto en tu campo o mercado especialidad. Es una manera de crear tu marca personal o la marca de tu empresa.

Realiza encuestas y sondeos

Conocer qué piensan tus clientes ó potenciales clientes sobre tus productos o servicios es una información de un grandísimo valor. Twitter hace muy sencillo el realizar este tipo de encuestas que te ayudarán a mejorar tus productos y servicios.

50. Twitter como herramienta de Atención al Cliente

Responde a los comentarios sobre tu empresa ó producto

Designa una persona de soporte para monitorear search.twitter.com y estar atento a los posibles comentarios que tengan que ver con soporte sobre tus productos ó empresa. De esta manera se podrán resolver problemas, ayudar a clientes ó recibir feedback de manera inmediata.

Usa tu cuenta para dar avisos sobre momentos de mantenimiento

Twitter puede ser un buen medio para avisar de que tu web ó portal estará un tiempo fuera de servicio por temas de mantenimiento, permitiéndote llegar a mucha gente con un sólo mensaje.

51. Twitter como herramienta de Recursos Humanos

Busca profesionales en Twitter

Twitter puede ser una magnífica fuente de profesionales donde buscar candidatos para cubrir algún puesto de trabajo dentro de tu empresa. Los directorios mencionados anteriormente, así como la opción de búsqueda por palabras clave y localización te pueden ayudar a filtrar los usuarios de Twitter para encontrar el perfil que estas buscando.

Publica ofertas de trabajo

Otra de las cosas que puedes hacer es publicar ofertas laborales directamente en tus mensajes de Twitter y pedir a tus seguidores que lo Retwitten. Al ser un mensaje que puede aportar valor, muchos de tus seguidores estarán encantados de Retwittear tu mensaje.

52. Ranking Jurídico de Twitter

Existen varios rankings jurídicos de Twitter elaborados por diferentes medios y cada uno de ellos, sigue sus propios criterios para llevarlo a cabo. De entre todos ellos hemos elegido a modo de representación, el ranking jurídico creado por el portal www.notariosyregistradores.com. Lo hemos elegido única y exclusivamente por sus criterios de selección, todas las cuentas incluidas en el ranking cumplen con los siguientes requisitos:

• El contenido compartido es mayoritariamente jurídico.

• La cuenta tiene que tener más de 2000 seguidores.

• No han de utilizar la técnica de seguir continuamente y de forma masiva a cuentas para que te sigan. Por este motivo se ha establecido un límite de proporción de dos a uno. Por ejemplo si una cuenta tiene 10.000 seguidores, para estar en este ranking ha de seguir a menos de 5000 usuarios.

• El ranking no sigue una numeración exhaustiva o explicita, se pueden incluir otras cuentas dirigiéndose al correo electrónico del portal, siempre y cuando la cuenta cumpla con los demás criterios.

PUESTO ACTUAL	NOMBRE	PUESTO ANTERIOR	23/08/2014 Seguidores	26/05/2014 Seguidores	INCREMENTO Seguidores	PORCENTAJE Incremento
1	Congreso de los Diputados	1	33377	27638	5739	20,76%
2	Jueces para la Democracia	2	26290	24645	1645	6,67%
3	Abogacia.es	3	26199	24212	1987	8,21%
4	CGPJ (Gabinetes comunicación)	4	21706	19316	2390	12,37%
5	Expansión jurídico	5	19871	18382	1489	8,10%
6	Jurista enloquecido		17843			
7	Legaltoday	6	17570	16430	1140	6,94%
8	Derecho.com	7	16944	16280	664	4,08%
9	Carlos Guerrero	8	16524	16081	443	2,75%
10	Senado de España	10	16481	12349	4132	33,46%

PUESTO ACTUAL	NOMBRE	PUESTO ANTERIOR	23/08/2014 Seguidores	26/05/2014 Seguidores	INCREMENTO Seguidores	PORCENTAJE Incremento
11	¿Hay Derecho?	9	15373	14563	810	5,56%
12	Lawyerpress	11	12985	12024	961	7,99%
13	Eventos jurídicos	13	12805	11976	829	6,92%
14	2ª Opinión Jurídica	15	12433	11623	810	6,97%
15	Ministerio de Justicia	14	12278	11818	460	3,89%
16	Aranzadi - Civitas	16	12247	11603	644	5,55%
17	Boletín Oficial del Estado	18	12204	10712	1492	13,93%
18	Cuatrecasas	17	11320	10811	509	4,71%
19	Noticias jurídicas (damoin.es)	21	11236	10266	970	9,45%
20	Comuna jurídica	19	11018	10487	531	5,06%

PUESTO ACTUAL	NOMBRE	PUESTO ANTERIOR	23/08/2014 Seguidores	26/05/2014 Seguidores	INCREMENTO Seguidores	PORCENTAJE Incremento
21	La Ley	22	10915	10036	879	8,76%
22	Lex Nova	20	10450	10414	36	0,35%
23	Derecho en red	23	10279	9885	394	3,99%
24	Noticias Juridicas @notisjuridicas	26	10248	8877	1371	15,44%
25	Info-Derecho	24	10176	9778	398	4,07%
26	Law and Tweet		9911			
27	El Abogado	25	9696	9001	695	7,72%
28	Diario juridico	27	9640	8340	1300	15,59%
29	Vlex	28	8757	8241	516	6,26%
30	Colegio de Abogados de Barcelona	29	8063	7702	361	4,69%

PUESTO ACTUAL	NOMBRE	PUESTO ANTERIOR	23/08/2014 Seguidores	26/05/2014 Seguidores	INCREMENTO Seguidores	PORCENTAJE Incremento
31	Eva Belmonte	34	7966	6596	1370	20,77%
32	Unión Progresista de Fiscales	32	7355	6753	602	8,91%
33	Beatriz Corredor	30	7297	7233	64	0,88%
34	Abogado Amigo	35	7246	6574	672	10,22%
35	No somos delito		7229			
36	Ruiz Rey Abogados		7226			
37	Notarios de España	31	7073	6800	273	4,01%
38	Gómez-Acebo y Pombo	33	7020	6649	371	5,58%
39	Verónica del Carpio	40	6616	5687	929	16,34%
40	Josep Jover	36	6573	6432	141	2,19%

PUESTO ACTUAL	NOMBRE	PUESTO ANTERIOR	23/08/2014 Seguidores	26/05/2014 Seguidores	INCREMENTO Seguidores	PORCENTAJE Incremento
41	Derecho práctico	37	6417	6174	243	3,94%
42	Fiscal Impuestos	38	6244	5817	427	7,34%
43	Francisco Pérez Bes	39	5900	5816	84	1,44%
44	Garrigues	45	5777	5162	615	11,91%
45	David Maeztu	41	5767	5657	110	1,94%
46	Jorge Campanillas	42	5733	5596	137	2,45%
47	Tirant lo Blanc	43	5692	5382	310	5,76%
48	Informativo jurídico	55	5479	4641	838	18,06%
49	Iurismática	44	5442	5324	118	2,22%
50	Francis Lefevre	46	5413	5124	289	5,64%

PUESTO ACTUAL	NOMBRE	PUESTO ANTERIOR	23/08/2014 Seguidores	26/05/2014 Seguidores	INCREMENTO Seguidores	PORCENTAJE Incremento
51	AOB Abogados	47	5239	5081	158	3,11%
52	Fundación Aranzadi-Lex Nova	48	5202	5045	157	3,11%
53	Cremades & Calvo Sotelo	50	5103	4892	211	4,31%
54	Miguel Ángel Pérez de la Manga	49	5093	4963	130	2,62%
55	Asesores fiscales	52	5082	4769	313	6,56%
56	Carlos García León	51	5031	4864	167	3,43%
57	Red jurídica abogados	56	4907	4587	320	6,98%
58	Francisco Jurado	54	4887	4643	244	5,26%
59	Javier Cremades	53	4839	4738	101	2,13%
60	LuisJa Sánchez		4834			

PUESTO ACTUAL	NOMBRE	PUESTO ANTERIOR	23/08/2014 Seguidores	26/05/2014 Seguidores	INCREMENTO Seguidores	PORCENTAJE Incremento
61	Carlos Carnicer	66	4465	3830	635	16,58%
62	Sepin	59	4459	4212	247	5,86%
63	iabogado	58	4437	4366	71	1,63%
64	Derecho Internet	57	4435	4380	55	1,26%
65	Escuela Judicial	60	4423	4170	253	6,07%
66	Elisa de la Nuez	64	4319	3890	429	11,03%
67	Jesús Alfaro	62	4291	4013	278	6,93%
68	Ntanosyrgistrad ores (NNyRR)	61	4266	4029	237	5,88%
69	Vázquez Abogados	65	4034	3835	199	5,19%
70	Pablo F. Burgueño	63	4024	3956	68	1,72%

PUESTO ACTUAL	NOMBRE	PUESTO ANTERIOR	23/08/2014 Seguidores	26/05/2014 Seguidores	INCREMENTO Seguidores	PORCENTAJE Incremento
71	Sentencias España		3908			
72	Colegio de Registradores	69	3902	3546	356	10,04%
73	Colegio de Abogados de Madrid	73	3857	3234	623	19,26%
74	Revista La Toga	68	3806	3569	237	6,64%
75	Manga Abogados	67	3760	3773	-13	-0,34%
76	Victor Salgado	70	3560	3477	83	2,39%
77	Alejandro Touriño	71	3424	3378	46	1,36%
78	Roca Junyent Abogados	74	3370	3200	170	5,31%
79	Procesalistas	72	3363	3239	124	3,83%
80	Fernando Gomá	75	3273	3065	208	6,79%

PUESTO ACTUAL	NOMBRE	PUESTO ANTERIOR	23/08/2014 Seguidores	26/05/2014 Seguidores	INCREMENTO Seguidores	PORCENTAJE Incremento
81	Fabián Valero	80	3163	2815	348	12,36%
82	Juezecillo		3160			
83	Colegio de Abogados de Málaga	76	3134	2915	219	7,51%
84	Luis Abeledo	78	3110	2871	239	8,32%
85	David González Calleja	77	2985	2879	106	3,68%
86	Luis Cazorla	81	2913	2638	275	10,42%
87	Javier Muñoz Pereira	79	2891	2827	64	2,26%
88	Lexnews	82	2745	2618	127	4,85%
89	Menchero Abogados		2730			
90	Traducción jurídica	85	2688	2533	155	6,12%

PUESTO ACTUAL	NOMBRE	PUESTO ANTERIOR	23/08/2014 Seguidores	26/05/2014 Seguidores	INCREMENTO Seguidores	PORCENTAJE Incremento
91	José María de Pablo	86	2653	2497	156	6,25%
92	Martí Manent	83	2628	2607	21	0,81%
93	Audens	84	2545	2533	12	0,47%
94	Sagardoy Abogados	87	2493	2456	37	1,51%
95	Jordi Estadella	88	2443	2300	143	6,22%
96	Xabier Ribas	89	2258	2210	48	2,17%
97	Eva Cañizares		2208			
98	Javier Prenafeta	90	2156	2100	56	2,67%
99	Esade Masters de Derecho	91	2115	2050	65	3,17%
100	Comillas Icade Derecho	92	2031	2019	12	0,59%
101	A. Navarro	93	2030	1977	53	2,68%

Ejemplos de cuentas con titulación jurídica pero con contenido mayoritariamente no jurídico:

NOMBRE	SEGUIDORES 23/08/2014	SEGUIDORES 26/05/2014
Mariano Rajoy	517616	499459
David Bravo	319673	308025
Soraya Sáenz de Santamaria	134257	129687
Mario Conde	107307	106691
Elpidio José Silva	85046	81484
Bufete Almeida	25136	24039
Javier de la Cueva	17025	16848
Chistes jurídicos	7641	7352
Paloma Llaneza	3740	3726
F. Alvarez Ossorio	3855	3656
Andy Ramos	3113	3050
Alonso Hurtado	3156	3075
Francisco J. Collado	2528	2564
Ruth Benito Martín	2762	2733
Joaquin Muñoz	2579	2487

Ejemplos de cuentas de contenido mayoritariamente jurídico, pero superan la proporción de dos a uno, entre el número de cuentas que les siguen y el número de cuentas que están siguiendo.

NOMBRE	SEGUIDORES	SIGUIENDO
Res Juris Abogados	44500	31500
Lexur Editorial	21062	18800
Delitos informáticos	20040	15400
Leyes absurdas	18400	9975
Abogados Portaley	9933	7156
Delia Rodriguez	7753	6876
Abogae	7673	4921
José Luis del Moral	3508	3890
Carlos Ballugera	3240	3130
Escobar Navarrete	3044	3197
Balms Abogados	2868	1982
Respuesta fiscal	2712	1754
Justito el Notario	2332	2014
Agm Abogados	2042	1500
More than law	2026	1241
Rosana P. Gurrea	2000	1285
Masqueabogados	1716	1360
Fundación Aequitas	1512	1364
Julio Tejedor Bielsa	1387	799

53. Algunas opiniones de abogados sobre Twitter

53.1 Entrevista a David Bravo

TWEETS 9.440 **SIGUIENDO** 780 **SEGUIDORES** 358K

⚙ +👤 Seguir

David Bravo ✓
@dbravo
Abogado especializado en derecho informático y propiedad intelectual.
contacto@davidbravo.es · davidbravo.es

¿Cuáles son tus 5 principales razones por las que usas Twitter?

Para expresar mis ideas, difundir los artículos y resoluciones que me parecen importantes, para leer lo que dicen otras personas con las que comparto inquietudes, para informarme y para difundir los artículos que suelo escribir en otros medios.

¿Qué beneficios te está aportando Twitter?

Los de cumplir en términos generales las razones por las que lo uso y que he relacionado arriba.

¿Has conseguido algún cliente a través de Twitter?

Hasta ahora ningún cliente se me ha presentado diciendo que me conoce específicamente por mi actividad en Twitter, pero es posible.

¿Crees que Twitter te ayuda a potenciar tu marca personal-profesional?

Supongo que sí, pero al final lo que cuenta es lo de siempre: hacer bien tu trabajo, conseguir resultados y crear confianza en el cliente. De lo contrario, los resultados por tu presencia en las redes sociales desaparecen rápido.

53.2 Entrevista a Luis Abeledo

TWEETS **37,4K**   SIGUIENDO **1.569**   SEGUIDORES **3.337**   ☼   + Seguir

luis abeledo
@luisabeledo

Antaño fui abogado de reconocido prestigio. Hoy sobrevivo about.me/LUISABELEDO

Gallego en Tenerife · abeledoabogados.com

¿Cuáles son tus 5 principales razones por las que usas Twitter?

1. Entré en Twitter para tener información actualizada y aprender. La información es extensísima y me permite estar actualizado desde mi despacho, unipersonal y rural.

2. Me permite conocer gente con intereses y problemas comunes que, además, saben de Derecho mucho más que yo (algo sencillo). Esto se ha traducido en que tengo compañeros de despacho para comentar en toda España y mejorar en mi profesión. Hasta he hecho amigos.

3. Twitter me ha permitido, de un tiempo a esta parte, que la gente me conozca. Eso ha evolucionado en colaboraciones con importantes Despachos de Abogados, sobre todo en Madrid, lo que ha mejorado la actividad del despacho con la llegada de nuevos asuntos.

4. Porque creo que me ha ayudado a crear lo que ahora llaman marca personal y marca del despacho.

5. Conocer gente que de otro modo no hubiera tenido la oportunidad y aprender de todos y cada uno de ellos.

53.3 Entrevista a Carmen Pérez Andújar

Carmen Pérez Andújar
@CPEREZANDUJAR

Abogada. Diputada 9ª y Secretaria Junta Gobierno ICAM. Consejera electiva CGAE. De Mallorca. Madrileña x adopción. En mi corazón Granada.

¡Siempre asumiendo retos!

¿Cuáles son tus 5 principales razones por las que usas Twitter?

1. Es una forma de estar informado al segundo.

2. Abre un abanico muy amplio de posibilidades de conocer a compañeros de otras ciudades que te aportan valor.

3. Es una forma de contrastar opiniones.

4. Es un canal para poder expresar en voz alta tus opiniones, pensamientos, sentimientos.

5. Hace lo lejano, cercano

¿Qué beneficios te está aportando Twitter?

Conocer gente nueva y afín a tus principios y valores.

¿Has conseguido algún cliente a través de Twitter?

No, pero no es mi finalidad primordial.

¿Crees que Twitter te ayuda a potenciar tu marca personal-profesional?

Sin duda es una forma de ser visible.

53.4 Entrevista a Mariel Taboada

Mariel Taboada
@marieltaboada
Abogada Verin (Ourense)

TWEETS **10,5K** · SIGUIENDO **446** · SEGUIDORES **779** · Seguir

¿Cuáles son tus 5 principales razones por las que usas Twitter?

Empecé a usarlo como un medio de obtener noticias diarias sobre cuestiones que pudieran afectar a mi profesión (autos o sentencias relevantes sobre cuestiones procesales o de fondo...).

Posteriormente me di cuenta de que podía intercambiar opiniones profesionales con otros compañeros y debatir sobre algún tema que pudiera ser de interés para quienes estábamos interactuando.

Al ir agregando perfiles, vas incrementando los campos sobre los que recibes noticias, y pasas ya a interesarte por otros temas no relacionados exclusivamente con tu profesión.

Finalmente, ha acabado siendo también un medio de diversión.

¿Qué beneficios te está aportando Twitter?

Además de tener un conocimiento más ágil y directo sobre las noticias de actualidad, lo que más valoro es la información que he recibido sobre temas de interés relacionados con mi profesión.

¿Has conseguido algún cliente a través de Twitter?

No, más bien le he dado yo clientes a dos compañeros. Lo cierto es que nunca he utilizado este medio ni para promocionarme, ni lo he visto como una forma de captar clientes. No lo pretendo en absoluto. Es algo más personal y no lo utilizo con esos fines (ni quiero hacerlo).

¿Crees que Twitter te ayuda a potenciar tu marca personal-profesional?

Supongo que podría hacerlo si mi intervención en este medio fuera dirigido a ello, pero como te digo, no lo es en absoluto.

53.5 Entrevista a Guillermo Pérez

TWEETS **9.908** SIGUIENDO **1.015** SEGUIDORES **1.818** ⚙ Seguir

Guillermo Pérez
@gperezalonso

Gestión integral de despachos de abogados como empresas. Tecnología, comunicación, marketing & social media. International #LegalWatch beyond law. #inkietos

Spain • Madrid · derechoalagestion.wordpress.com

¿Cuáles son tus 5 principales razones por las que usas Twitter?

1. Por interacción y comunicación social.

2. Por interés profesional y búsqueda de talento.

3. Por la información vertida de mis intereses profesionales y otros.

4. Para la búsqueda de oportunidades y networking.

5. Por su internacionalización.

¿Qué beneficios te está aportando Twitter?

Me da la oportunidad de relacionarme con el resto de personas , marcas y comunidades para conversar, aprender, conocer, compartir y también para dar a conocer mi talento y conocimiento. Me ha dado la oportunidad de conocer en persona a mucha gente que, de no ser por esta herramienta hubiera sido mucho más difícil conocerla o incluso no se habría dado la ocasión. Da la oportunidad de desarrollar algunas habilidades sociales en entorno digital, tales como conversar, entretener, e incluso hacer reír!

¿Has conseguido algún cliente a través de Twitter?

Para mí en particular no, pero sí he ayudado a otros a conseguirlos.

¿Crees que Twitter te ayuda a potenciar tu marca personal-profesional?

Si, ayuda a potenciar o más bien amplificar la marca. A veces incluso demasiado, si no existe una coherencia entre lo que conoces online en Twitter – extensivo a otras herramientas de red – y lo que realmente eres en persona.

53.6 Entrevista a Asunción Peix

TWEETS 13,8K **SIGUIENDO** 1.205 **SEGUIDORES** 1.645 ☼ Seguir

Asunción Peix
@ApApeix

Abogado, que acertò totalmente con su profesiòn. Actualmente trabajando en Lanzarote.

¿Cuáles son tus 5 principales razones por las que usas Twitter?

1. Me aporta información actual en materias de mi interés, me da un acceso directo e inmediato a artículos recientemente publicados, sentencia, resoluciones, legislación, textos, todo.

2. Tengo a mi disposición un gran número de profesionales altamente capacitados, accesibles a mi persona y condición.

3. Me permite conocer de primera mano problemas que afectan a mi profesión en toda España, no solo en mi entorno de trabajo.

4. Tengo la oportunidad de compartir trabajo, resolver mis dudas, contar y recibir experiencias. Ver puntos de vista distintos.

5. Me ha permitido crear un vinculo profesional e incluso personal con personas a las que jamás hubiese podio conocer ni acceder.

¿Qué beneficios te está aportando Twitter?

Me ha aportado una ayuda inestimable para mi profesión, me he sentido ayudada y respaldada en todo momento. Se abrió para mí una ventana a un mundo profesional que en mi caso concreto por mi ubicación geográfica, me estaba vetado. Es una línea directa al exterior, a todo lo nuevo.

No estoy sola en mi trabajo. Personalmente he conocido a personas, compañeros, he creado unos lazos profesionales fuertes y puedo decir incluso personales.

¿Has conseguido algún cliente a través de Twitter?

Si... por medio de mis compañeros de Twitter. Y creo que voy a conseguir más.

¿Crees que Twitter te ayuda a potenciar tu marca personal-profesional?

Seguramente sí, existe un conocimiento de mi persona y de mi profesión que desde luego no existía anteriormente.

53.7 Entrevista a Laura M. Molla Enguix

TWEETS **8.536** SIGUIENDO **903** SEGUIDORES **1.536** ☼ +& **Seguir**

Laura M.Molla Enguix
@LauraMollaGMR

Abogada, socia de GMR Management. Derecho laboral. Derecho de los negocios. Mi novela: Vanitas Vanitatum

Ontinyent (Valencia) · gmrmanagement.es

¿Cuáles son tus 5 principales razones por las que usas Twitter?

1. Inmediatez en obtener información diaria de los aspectos profesionales que me interesan. Tengo clasificado por listas y por temas a las personas que sigo, lo que me permite mayor fluidez en este aspecto.

2. La facilidad del uso e interacción con otros profesionales (frente a otras redes sociales, quizá por mi desconocimiento en el uso de las mismas)

3. Si sabes trabajar bien el posicionamiento permite que tus clientes te vean más cercano, profesionalmente hablando.

4. Me ha permitido compartir contenido propio elaborado desde el blog de nuestra firma. (www.gmrmanagement.es)

5. Creo que he conseguido acotar bastante a profesionales con intereses comunes y permite un aprendizaje constante. Seguir a los clientes en twitter también es otra de las razones para utilizarlo, puesto que me permite conocer sus inquietudes y adelantarme en ocasiones a sus necesidades profesionales.

¿Qué beneficios te está aportando Twitter?

Siendo un despacho pequeño como es el nuestro, nos ha ayudado a ganar visibilidad.

¿Has conseguido algún cliente a través de Twitter?

Si. He generado sinergias con otros profesionales que nos han permitido compartir proyectos y clientes.

¿Crees que Twitter te ayuda a potenciar tu marca personal-profesional?

¡Por supuesto! Pero para ello debes ser muy coherente entre tu actitud tanto on-line como off-line. De lo contrario estás vendiendo humo.

TWEETS   SIGUIENDO   SEGUIDORES
4.881   983   1.321   ✦   Siguiendo

Andreu Van den Eynde
@eyndePenal TE SIGUE

Penalista. Profesor ICAB. Consultor UOC. #penal #ciberdelito #compliance en @GRC_auditoria #musica

Barcelona · eynde.es

¿Cuáles son tus 5 principales razones por las que usas Twitter?

1. Generar un perfil digital positivo.

2. Marketing.

3. Aprender de otros / Enseñar lo que sé a otros.

4. Conocer colegas profesionales.

5. Diversión.

¿Qué beneficios te está aportando Twitter?

Por ahora que yo sepa solamente generar y mantener un perfil digital positivo.

¿Has conseguido algún cliente a través de Twitter?

Que yo sepa no.

¿Crees que Twitter te ayuda a potenciar tu marca personal-profesional?

Sí desde el momento en que la marca hoy día está conformada por el perfil digital (la presencia que se tiene en Internet) y por tanto un buen perfil en Twitter genera en la marca un efecto positivo, combinándolo con blog, web, otras redes, etc.

53.9 Entrevista a Carles Ferrer

TWEETS 13,7K   **SIGUIENDO** 1.685   **SEGUIDORES** 2.518   ☼   [Siguiendo]

Carles Ferrer
@Carles_Ferrer TE SIGUE

Advocat de l'@advocatsreus i @ICATTarragona Professor del Màster d'accés a l'advocacia @universitatURV Soci d'@atresadvocats

Reus. Catalonia. Spain. · atresadvocats.com

¿Cuáles son tus 5 principales razones por las que usas Twitter?

Apasionado por el 3.0, al día de las novedades, forma de interactuar con otros abogados, recibir/compartir información...

¿Qué beneficios te está aportando Twitter?

En el mismo momento tienes conocimiento de las Últimas noticias jurídicas, sentencias, jurisprudencia, artículos de opinión

¿Has conseguido algún cliente a través de Twitter?

Directamente creo que no. pero indirectamente, una vez has hecho el cliente por otras vías, alguno de ellos (muy pocos) te siguen

¿Crees que Twitter te ayuda a potenciar tu marca personal-profesional?

Si.

TWEETS	SIGUIENDO	SEGUIDORES
820	1.751	1.227

Busto&Landín Abogado
@Bustoabogados TE SIGUE

Despacho de abogados. Asesoramiento integral a empresas y particulares en Valladolid, Madrid y Pontevedra.

Valladolid · bustolandin.com

¿Cuáles son tus 5 principales razones por las que usas Twitter?

1. La información que recibo e inmediatez de la misma.

2. Publicidad de mi firma.

3. Contacto con clientes potenciales

4. Contacto con compañeros

5. Contacto con Procuradores

¿Qué beneficios te está aportando Twitter?

Sobre todo el conocimiento de novedades legislativas y de información diaria y actualizada de diferentes materias en las que estoy especializado

¿Has conseguido algún cliente a través de Twitter?

No me consta, pero si he puesto en contacto a compañeros con mi procuradora a través de esta plataforma.

¿Crees que Twitter te ayuda a potenciar tu marca personal-profesional?

Estoy convencido.

53.11 Entrevista a Fabián Valero

TWEETS	SIGUIENDO	SEGUIDORES
11,2K	150	3.358

⚙ **Siguiendo**

FabianValeroABG
@FabianValeroABG

Abogado especializado en derecho laboral y empleado público. Bloguero en nexolaboral.com Contacto: fvalero@nexolaboral.com

nexolaboral.com

¿Cuáles son tus 5 principales razones por las que usas Twitter?

1. Obtener información sobre las últimas novedades legislativas o jurisprudenciales en materia laboral.

2. Crear sinergias con otros abogados/as para compartir conocimiento o contrastar opiniones de asuntos que estamos tramitando.

3. Aunar fuerzas en defensa de una justicia más barata, rápida y accesible para todos los ciudadanos.

4. Potenciar mi marca personal como especialista en derecho laboral

5. Estar informado en términos generales

¿Qué beneficios te está aportando Twitter?

Los beneficios más inmediatos son el acceder a información y análisis rigurosos sobre derecho laboral que me están resultando útiles en el desarrollo de mi actividad profesional como abogado laboralista. Al mismo tiempo me ha permitido acceder a foros y seminarios que sin Twitter me habría resultado difícil ya no acudir, sino incluso conocer su existencia.

¿Has conseguido algún cliente a través de Twitter?

Aunque no utilizo Twitter con el fin de captar clientes, sino como una herramienta de información y como posicionamiento de marca personal, lo cierto es que consultas si que han llegado a través de Twitter, posibilitando atraer nuevos clientes.

¿Crees que Twitter te ayuda a potenciar tu marca personal-profesional?

Sin duda. Si la usas como herramienta de marketing, en el sentido de crear una marca personal estable y coherente, Twitter es un mecanismo mi adecuado para esta función. Todo es cuestión de paciencia y perseverancia. Lo que está claro es que el que pretenda obtener resultados en Twitter en unos pocos meses está muy equivocado. Para crear una imagen de marca personal es importante reforzar esta red social con un blog y con otras redes sociales de carácter profesional.

53.12 Entrevista a Jesús P. López Pelaz

TWEETS 33K   **SIGUIENDO** 241   **SEGUIDORES** 2.007   Siguiendo

Jesús P. López Pelaz
@jlpelaz

Director de @AbogadoAmigo e impulsor de @Be_StartUp. #Abogado apasionado que cada día sueña con descubrir algo nuevo. ¿me ayudas? #StartUp #Emprende

Valencia (Spain) · abogadoamigo.com

¿Cuáles son tus 5 principales razones por las que usas Twitter?

Twitter nos muestra tal y como somos: Twitter en primer lugar es un gran escaparate en el que poder desarrollar la filosofía de nuestra firma de abogados, interactuando con los demás usuarios. Twitter permite conocer a una firma de abogados más allá de su "presentación web".

Twitter facilita la escucha activa: Twitter nos permite conocer tendencias de opinión, monitorizar contenidos y trabajar con big data. Esto nos ayuda a conocer mejor qué contenidos gustan o no de aquellos que generamos e identificar líneas de negocio.

Twitter expande nuestros contactos: Twitter permite establecer relaciones estables con referentes en las materias de interés de cada usuario. Facilita conocer nuevos profesionales y la valía de los que ya conocíamos.

Twitter facilita la recomendación y la crítica: La reputación (ya sea buena o mala) en Twitter es real. El usuario identifica con facilidad las cuentas con seguidores zoombies, con cuentas retuiteadoras satélites o con followers fieles. Es un escaparate para la crítica en donde se eleva a máxima expresión la opinión del cliente.

Twitter fomenta la colaboración: La economía en general y la abogacía en particular debe evolucionar del competir al colaborar. En el Bufete Abogado Amigo estamos convencidos de la bondad de fomentar vínculos colaborativos con otros letrados, ayudando a aquellos que no tienen tanta visibilidad como nuestras redes, a través de la iniciativa #ayudandocompañeros que presentamos en este link: http://www.abogadoamigo.com/blogs-juridicos

¿Qué beneficios te está aportando Twitter?

Twitter es una herramienta estratégica en la presencia on line de Abogado Amigo al permitirnos conocer tendencias, identificar nichos de mercado, mantener el contacto con los antiguos clientes y facilitar las relaciones con usuarios relevantes.

¿Has conseguido algún cliente a través de Twitter?

Sí, muchos. Algunos de forma directa, a través de la red y otros indirecta al reforzar nuestra cuenta de Twitter (actividad, contenido...) la información que había encontrado en otros canales.

A través de Twitter además se gestan lazos que llegan más allá del cliente directo. Se facilita la recomendación del profesional, se llega a un público mayor lo que permite una mayor difusión tanto de la marca como del contenido generado.

No buscamos clientes en Twitter. Son los clientes los que nos encuentran en Twitter.

¿Crees que Twitter te ayuda a potenciar tu marca personal-profesional?

Por supuesto. Twitter es capital para un desarrollo serio de una política integral de marca. Es un elemento ideal para dotar a nuestra marca de autenticidad y además nos permite medir los resultados obtenidos por nuestra actividad. El hecho de poder aplicar técnicas de escucha activa nos permite adelantarnos a las necesidades de nuestros clientes.

54. Vale, ya sé lo que es Twitter… Y ¿Ahora qué?

55. Como diseñar un plan estratégico de comunicación para abogados en Twitter

En los anteriores capítulos hemos aprendido a crear y configurar una cuenta en Twitter, además de utilizar correctamente la red social. Pero, ¿es suficiente con estar presente en Twitter para obtener resultados? Obviamente la respuesta es no. Tener presencia en Twitter o en otras redes sociales no significa que necesariamente lo estemos haciendo bien. Cualquier actividad de comunicación en marketing que emprendamos requiere de una planificación estratégica si quiere ser efectiva.

"No hay ningún viento favorable para el que no sabe a qué puerto se dirige"

Arthur Schopenhauer

Uno de los principales puntos pendientes de muchos profesionales y empresas que utilizan Twitter es, sin duda, su falta de planificación estratégica. La gran mayoría de ellos comienzan a utilizar la red social sin haber antes definido sus estrategias de comunicación.

55.1 Estar por estar en Twitter es perder el tiempo: sin un plan de comunicación establecido es difícil el éxito

Twitter no es una simple red social, es mucho más que eso, es una poderosa herramienta de comunicación. Todo lo que se pública (y lo que no se publica) en una cuenta de Twitter, comunica. Pero, estar presente en Twitter por el simple hecho de estar y Twittear sin una planificación previa, es la mejor forma de hacerte perder el tiempo y no obtener ningún resultado.

El plan de comunicación es la herramienta idónea que debe explicar a partir de la identificación de unas necesidades lo que hay que hacer para lograr los objetivos previstos.

55.2 El Plan de Comunicación para Abogados en Twitter

Por ello, en este capítulo queremos enseñarte a cómo hacer un plan de comunicación para abogados en Twitter y cómo aplicar las principales técnicas de marketing jurídico. El plan de comunicación en Twitter recogerá un análisis para conocer nuestra situación actual tanto interna como externa, establecimiento de nuestros objetivos de comunicación, definición del público objetivo, establecimiento de las estrategias de comunicación y por último el seguimiento y control de nuestro plan.

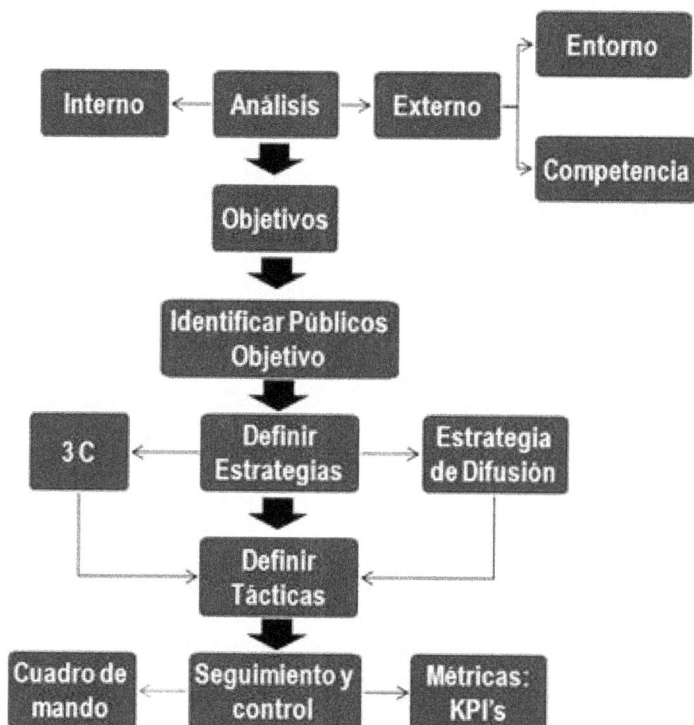

55.2.1 Análisis de la situación: ¿Dónde estoy a nivel de comunicación?

El análisis de la situación en el ámbito de la comunicación trata de analizar todos aquellos aspectos relevantes que van a influir en las actividades que apliquemos en nuestro plan de comunicación en Twitter.

Como en todo plan estratégico hemos de realizar un análisis exhaustivo sobre nuestro punto de partida, cuanta más información dispongamos, más sólida será la base de nuestro plan.

En dicho análisis evaluaremos nuestra situación interna y los factores principales del entorno que puedan afectar a nuestra comunicación en Twitter. Esto nos permitirá identificar nuestros puntos fuertes, nuestros puntos débiles, además de los principales retos y oportunidades que se presentan.

Análisis interno:

Para realizar nuestro análisis interno hemos de considerar tanto las capacidades como los recursos y el tiempo disponible para desarrollar de forma correcta las actividades de comunicación en Twitter: ¿Cuánto tiempo puedo dedicar a Twitter al día /semana? ¿Qué recursos tecnológicos tengo actualmente? Etc.

Este punto es de suma importancia a la hora de establecer nuestros objetivos en la fase siguiente del plan. Es lógico, si pensamos que nos marcaremos unos objetivos u otros, dependiendo de cómo ya hemos apuntado, nuestras capacidades, recursos y tiempo disponible para invertir en la red social Twitter.

Por otra parte hemos de analizar nuestra imagen de marca actual y nuestro posicionamiento, tanto si hablamos de marca empresarial para el perfil en Twitter de un despacho de abogados, como si hablamos de nuestra marca personal para un perfil de abogado.

Para ello podemos responder a ciertas preguntas: ¿qué valores tiene mi marca?, ¿con que atributos la asocian?, ¿cómo es percibida por los clientes?, ¿cómo te define mi competencia?

Es posible que no obtengas las respuestas que desearías a las preguntas planteadas, porque tu imagen de marca y posicionamiento no es el que esperabas. No te preocupes por esta cuestión ahora, en la cuarta fase del plan, estableceremos nuestras estrategias y en este punto explicaremos y trabajaremos las claves para conseguir el posicionamiento de marca deseado.

Además de la marca y del posicionamiento, en este punto hemos de analizar cualquier otro aspecto particular del usuario (abogado o despacho) que condicione a nuestro perfil en las comunicaciones en Twitter.

Análisis externo:

En este punto hemos de analizar aquellos factores externos que no podemos controlar pero deben llevar un especial seguimiento ya que pueden afectarnos directamente. Algunos de estos factores son: tendencias del sector, nuestra competencia o usuarios a los que nos dirigimos.

Una de nuestras recomendaciones para obtener una radiografía general sobre la situación y los factores externos, es realizar un estudio sobre las iniciativas de comunicación de nuestros competidores más directos en Twitter. En este estudio, debemos analizar los siguientes aspectos:

- Número de seguidores y su tasa de crecimiento
- Especialidad jurídica
- Público objetivo al que se dirigen
- Imagen y posicionamiento de sus marcas
- Tipo de contenido que comparten (noticias, artículos, imágenes, infografías, videos)
- Frecuencia de publicaciones
- Actividad (Retweets, favoritos, menciones, replies)

Recuerda que en el capítulo **¿Cómo analizar las audiencias en Twitter?** hemos visto las principales herramientas y aplicaciones para monitorizar a nuestros competidores en Twitter. Para realizar el estudio de competencia que planteamos te será de gran ayuda utilizarlas, con unos pocos *clicks* obtendrás información muy valiosa.

Si deseas ampliar más información sobre cómo utilizar la herramienta de análisis DAFO puedes acceder al siguiente enlace: http://robertoespinosa.es/2013/07/29/la-matriz-de-analisis-dafo-foda/

55.2.2 Establece tus objetivos

La pregunta clave que tenemos que plantearnos en esta fase es: ¿Qué queremos conseguir con Twitter? Todo plan debe tener unos objetivos a alcanzar puesto que hay que saber a dónde queremos ir, para poder escoger el camino correcto. Es importante definir correctamente nuestros objetivos, ya que finalmente y en función de los resultados, serán estos los que nos permitan medir el éxito del plan. Si queremos establecer correctamente nuestros objetivos en Twitter, debemos seguir las pautas que se citan a continuación.

Los objetivos deben ser:

Adecuados y coherentes: nuestros objetivos deben guardar relación con los recursos que tenemos disponibles.

Claros y concretos: siempre que sea posible se deben cuantificar de forma concreta y precisa. Unos objetivos definidos claramente, evitarán problemas e interpretaciones erróneas.

Medibles en el tiempo: hay que marcar plazos de consecución, esto ayudará a motivar su cumplimiento en la fecha fijada. Además si tenemos objetivos definidos en el tiempo, los podremos utilizar como indicadores de referencia, ante posibles desviaciones.

Realistas y retadores: fijar objetivos que no se pueden alcanzar, únicamente consigue la desmotivación de quien está implicado en su consecución. Esto no quiere decir que no deba existir una dificultad en alcanzarlos, sino que se deberán plantear como un reto.

Algunos ejemplos de objetivos pueden ser:

• Aumentar un 10% el tráfico a mi página web.
• Generar 20 leads mensuales.

- Construir mi marca personal como abogado, para ello utilizarás un cuadro de mando con tus KPI's de Twitter para medir:
  - VISIBILIDAD (total de Tweets lanzados)
  - ENGAGEMENT (RT, respuestas, mensajes directos)
  - AUDIENCIA/Alcance
- Aumento de la notoriedad de marca del bufete.
- Mejorar mi reputación online.
- Posicionarme como abogado experto en mi especialidad.
- Mejorar mi reputación dentro del bufete.
- Contactar con profesionales destacados del sector jurídico.
- Aumentar mi red de contactos profesionales. Podrás medir el numero de contactos nuevos /followers / Listas

55.2.3 "El tamaño importa" no es una premisa fundamental en Twitter si eres abogado

Hay que evitar medir completamente el desempeño en Twitter en base al número de seguidores. A pesar de que a priori parezca que el principal objetivo en Twitter para un abogado o un bufete debe ser conseguir el mayor número posible de seguidores a toda costa, es uno de los principales errores que se pueden cometer, ya que destinas tus esfuerzos a conseguir nuevos followers y no a crear relaciones con ellos.

Frecuentemente vemos cuentas en Twitter con un elevado número de seguidores, pero sin embargo las publicaciones de dichas cuentas no obtienen prácticamente ningún comentario, Retweet o favorito. Esto indica claramente que esta cuenta ha trabajado su número de seguidores y no la calidad de los mismos.

¿De qué sirve tener 10.000 seguidores si prácticamente no interactúan con tu cuenta? Con esto no queremos decir que el número de seguidores no es un aspecto importante, pero sí que no es el aspecto más importante, como muchos piensan.

En el caso contrario al anterior, están los perfiles que tienen un menor número de seguidores, pero sin embargo tienen una alta actividad en su cuenta. Sus seguidores están ahí, por la información que comparten, porque les aporta valor y no porque persiguen un followback (si tú me sigues, yo te sigo).

Curiosamente como veremos más adelante, esta estrategia hace que vaya creciendo paulatinamente tu número de seguidores, creando una verdadera comunidad.

Si quieres ampliar información consulta:
http://robertoespinosa.es/2013/09/17/segmentacion-de-mercado-concepto-y-enfoque/

55.2.4 Define tu público objetivo y no malgastes tu tiempo

Una vez definidos los objetivos que se quieren alcanzar con Twitter, el siguiente paso en nuestro plan de comunicación es determinar a quién nos vamos a dirigir. Para ello, la primera pregunta que debemos plantearnos es: ¿Quién es nuestro público objetivo?

Se denomina público objetivo al conjunto de personas u organizaciones a las que se dirige específicamente nuestra comunicación. Cada abogado o bufete si quiere aumentar las probabilidades de éxito debe identificar, delimitar y definir el público al cual va a ir dirigida su comunicación en Twitter. ¿Para qué gastar nuestros recursos y esfuerzos en intentar llegar a aquellos que no están dispuestos a contratar o no necesitan nuestros servicios jurídicos?

Técnicamente puedes clasificar a tu público objetivo en estos 4 grupos:

- Empresas (tipologías)
- Personas físicas
- Colegas
- Instituciones

Una vez hemos definido a nuestro público objetivo, realizaremos un análisis en profundidad de sus necesidades, intereses, etc. Ahora que conocemos perfectamente a quien nos dirigimos podemos establecer las estrategias de comunicación correctas que nos permitan alcanzar nuestros objetivos con éxito.

55.3 Estrategias de Comunicación

Llegados a este punto del plan ya hemos analizado nuestra situación tanto interna como externa, hemos definido nuestro público objetivo y establecido los objetivos a alcanzar. Es el momento de responder a la pregunta: **¿cómo lo voy a conseguir?**

Para ello es necesario establecer la estrategia de comunicación que se van a seguir en Twitter. La estrategia junto con su correspondiente PLAN de ACCION describirá la forma que tiene un profesional o una empresa de conseguir los objetivos que se han planteado en la etapa anterior.

En primer lugar vamos a trabajar nuestra estrategia basada en las 3Cs (contenido, conversación y comunidad) y a continuación seguiremos con el plan de publicación/difusión que debemos seguir.

55.3.1 Estrategia de las 3 Cs en Twitter

Cualquier usuario de Twitter que quiera tener éxito en dicha red social, incluido perfiles profesionales o de empresas, como los abogados o los despachos jurídicos, tienen que compartir contenido de calidad y especialmente dirigido a su público objetivo.

Este contenido debe provocar interacciones con los usuarios y lo que es más importante debe iniciar conversaciones, ello implica escuchar y responder a los usuarios. Por último es condición sine qua non conseguir un grupo fiel de usuarios, que sean seguidores de nuestro contenido y nuestras conversaciones creando una verdadera comunidad.

De acuerdo con esto, vamos pues a trabajar la estrategia de las 3Cs que debe seguir todo profesional del ámbito jurídico en Twitter: **Contenido, Conversación y Comunidad**.

Contenido

En Twitter igual que en otras redes sociales el contenido es el rey. Es muy probable que ya hayas escuchado esta afirmación, si no es así estamos convencidos que no será la única vez.

Twitter no es una red social para publicitar constantemente tu negocio, sus usuarios no están en ella para recibir este tipo de información de las empresas, esperan algo más.

Los usuarios que te siguen en Twitter buscan seguir recibiendo información que resulta de interés para ellos. Entonces, **¿cómo puedo dar visibilidad a mi marca sin que huyan los usuarios?**

Una buena solución a esta problemática es aplicar a nuestra estrategia de contenidos el llamado **"principio de Pareto"**, **o también conocido como la regla 80-20**. El 80% de nuestros Tweets debe ser contenido relevante para nuestro público objetivo, mientras que el 20% lo dedicaremos a hablar sobre nuestro negocio. No es necesario aplicar estos porcentajes de manera exacta, pero si nos sirve como guía a seguir.

En nuestra estrategia de contenido es imprescindible crear y compartir contenido que aporte valor a nuestro público objetivo. En la fase anterior hemos definido a quien van a ir dirigidas nuestras comunicaciones, y por tanto conocemos sus necesidades, intereses, gustos, inquietudes, etc. Ahora que ya tenemos su perfil definido, es el momento de crear y compartir contenido exclusivamente dirigido a ellos.

A continuación hemos realizado una lista de los principales contenidos que puede crear y compartir un abogado:

Tweets: Tienes 140 caracteres para dar información, opinar, conversar, incluir enlaces, etc. Aplica tu estrategia en cada uno de ellos.

Posts de blog: Si lo que quieres comunicar ocupa más de 140 caracteres, sin duda necesitas un blog y Twitter es la herramienta perfecta para comunicar el enlace del artículo de tu blog. No olvides poner el título del artículo, acortar el enlace como te hemos enseñado en el capítulo **¿Qué son los acortadores de URLs?**, agregar algún hashtag de la temática y dejar algunos caracteres de espacios por si algún seguidor quiere incluir algún comentario al Retwittear (no apures a 140, déjalo en 138 como máximo).

Fotos: Los Tweets con foto se comparten mucho más. Si tienes imágenes que van en línea con tu estrategia de contenido, no lo dudes, Twiteala.

Infografías: para los que no estén al día en marketing de contenidos, la infografía es una representación visual que sirve para trasmitir información gráficamente. Se ayuda de elementos como los gráficos, tablas, diagramas, mapas o viñetas. Si la infografía es de calidad suele convertirse en contenido viral.

Artículos: enlaza y comparte artículos relevantes para tu público. Puedes compartir únicamente artículos propios, o artículos de terceros que sean relevantes para tu público, o tanto propios como de terceros, dependerá siempre de la estrategia que hayas decidido tomar al respecto.

Noticias: noticias sobre leyes, sentencias, imputaciones relevantes, etc. Puedes compartir todas aquellas noticias relevantes de tu sector o de tus especialidades.

Videos: si tienes contenido en formato video como alguna ponencia o entrevista, no lo dudes compártelo.

Citas célebres: las citas y frases celebres se comparten muy bien, suelen tener gran aceptación. Puedes compartir frases celebres relacionadas con el sector jurídico como por ejemplo *"El derecho se aprende estudiando y se ejerce pensando"* o incluso puedes buscar frases que tengan alguna relación con el sector como *"Fácil es ser bueno, difícil ser justo"*

Te recomendamos que en cada uno de tus Tweets seas **creativo, único, característico** y compartas conocimientos relevantes. Si lo haces correctamente y comunicas contenido de calidad, generarás conversación, establecerás conexiones y crearás comunidad.

Por último queremos compartir un simple pero útil consejo práctico para saber si el contenido que estas ofreciendo es el adecuado. Imagínate que eres un seguidor potencial de tu cuenta, y lees los últimos 5 o 10 Tweets de tu perfil. Ahora responde a las siguientes preguntas: *¿seguirías la cuenta después de leer los Tweets?, ¿hablo de la temática que le interesa?, ¿comparto contenido de interés para ellos?*

Conversación

Crear conversación es una de las principales claves de éxito en Twitter. **Sin conversación no hay ENGAGEMENT**.

Para generar conversaciones hay que **ser activo**, intervén en los debates que se plantean, siempre y cuando sean temas que nos atañen. Puedes dar tu opinión o hacer un comentario sobre un tema que se plantea.

En Twitter además de ser activo debes **ser proactivo**, si no existe el debate que te interesa puedes generarlo tú mismo haciendo una pregunta. Una de las tácticas que mejor funcionan para generar conversaciones es crear contenidos controvertidos. Con ello no queremos decir que generemos contenidos polémicos y que generen enfado o rechazo en los seguidores, si no que puede ser algún contenido que produzca controversia y dejemos claro que nos mantenemos en un plano neutral.

Otra táctica que funciona perfectamente para generar conversación es **tratar temas de actualidad** pero siempre que sigan nuestra estrategia de contenido, los temas de actualidad nos harán ser más visibles y provocaremos reacciones inmediatas en nuestros seguidores.

Otras tácticas para generar conversación pueden ser: **Ofrecer sugerencias, pedir opiniones, hablar sobre experiencias, mostrar ejemplos de casos de éxito**, etc. Twitter y las redes sociales se hicieron con el fin de conversar, y no de únicamente compartir información. No lo olvides, Twitter trata de diálogos, no de monólogos.

Comunidad

Twitter posee una serie de características que le hacen ser un lugar idóneo para crear comunidades, como por ejemplo: ofrece información inmediata, distribución rápida de la información, es un **gran agregador**, tiene un **buen motor de búsqueda**, es una fantástica **herramienta de marketing**, da oportunidades a gente menos conocida, por todo ello y por muchos motivos más Twitter, como ya hemos comentado es perfecto para **crear nuestra comunidad**.

No olvidemos que una comunidad está compuesta por personas con intereses comunes. Normalmente una comunidad se crea partiendo de una identidad común y se diferencia de otros grupos por las acciones que ejerce.

Crear nuestra propia comunidad de usuarios en Twitter es una de las mejores formas de fortalecer nuestras relaciones y vínculos con nuestros seguidores. Indudablemente como hemos visto hasta ahora el contenido y la conversación son aspectos claves para crear una comunidad.

Los usuarios que te siguen en Twitter buscan seguir recibiendo información que resulta de interés para ellos y a su vez debe crear conversación e interacciones, lo que fomenta la construcción de comunidad. Como veis no se trata de encontrar formulas mágicas, ni de aplicar soluciones rápidas.

Crear una comunidad que esté interesada en nuestro mensaje y que participe e interactúe con él, es únicamente cuestión de sentido común y dedicación. Realmente para sacar partido de Twitter, dependerá en gran medida de nuestra disposición para trabajar en la construcción de una comunidad solida y comprometida.

55.3.2 Estrategia de publicación/difusión del contenido

Como ya hemos comentado anteriormente, la calidad del contenido que compartimos y saber dirigirlo hacia nuestro público objetivo son dos aspectos fundamentales en nuestra estrategia de comunicación, pero la frecuencia de publicación también juega un papel relevante.

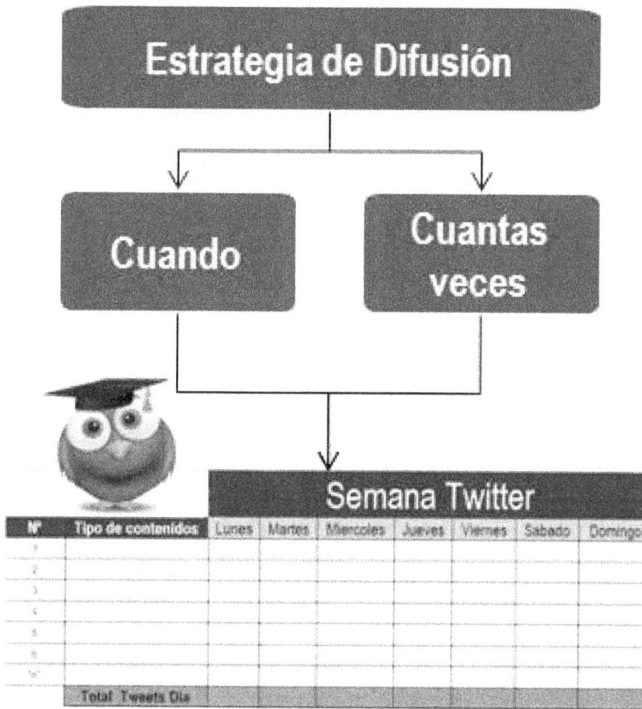

Entonces, **¿con qué frecuencia debo publicar?** Si queremos ser visibles es necesario publicar a diario, aunque con un sólo Tweet al día lo más probable es que no consigamos nada. Una frecuencia optima de publicación puede ser entre **4 y 5 Tweets al día**. De esta forma al ser activos, publicando varias veces al día nos aseguramos que nuestros diferentes seguidores visualicen nuestros Tweets.

Como ya hemos comentado, no publicar a diario o publicar muy poco es negativo para nuestros propósitos. Pero igual de perjudicial es publicar más de lo necesario y llenar el Timeline de nuestros seguidores con nuestros Tweets, si actuamos de tal forma nos convertiremos en un usuario molesto. Además al publicar tan seguido nuestro contenido bajará de calidad y ya sabemos lo que esto significa.

La frecuencia de publicación como ya hemos visto es importante pero también debemos tener en cuenta **el horario** en que publicamos.

Hay que buscar las horas en las que nuestros seguidores son más activos e intentar publicar en dicho horario para generar más impacto y conseguir una mayor difusión del contenido. Para ello contamos con las herramientas que hemos visto en el capítulo **Herramientas para optimizar el uso de Twitter**.

Estas herramientas gratuitas nos informarán sobre cuál es el mejor momento para publicar nuestros Tweets.

Ejemplo de calendario de publicación semanal

Nº	Tipo de contenidos	Lunes	Martes	Miercoles	Jueves	Viernes	Sabado	Domingo
1	Temas de actualidad	1			1		1	
2	Experiencias profesionales		1		1			
3	Artículos de interés	1		1		1		
4	Videos propios: contenido en formato video como alguna ponencia o entrevista etc		1		1			1
5	Infografías		1			1	1	
6	Videos externos de interés							
7	Noticias: noticias sobre leyes, sentencias, imputaciones relevantes, noticias relevantes de tu sector o de tus especialidades	1		1		1	1	1
8	Citas célebres: frases célebres relacionadas con el sector jurídico o frases que tengan alguna relación con el sector como "Fácil es ser bueno, difícil ser justo"	1		1		1		1
9	Información estadística de tu sector /especialidad						1	1
10	Post Blog Bufete			1				

Total Tweets al Dia: 4 4 4 4 4 4 4

Total Tweets a la semana: 28

Como has podido observar a lo largo del libro, nos gusta llevar la teoría a la práctica. Es por ello, que hemos creado una plantilla para que puedas trabajar la planificación de tu estrategia de publicación y difusión de contenido. Se trata de una práctica plantilla, en la cual puedes establecer de forma semanal la planificación del contenido que vas a compartir con tus seguidores. Por un lado tenemos el tipo de contenido que vamos a compartir: temas de actualidad, experiencias profesionales, artículos de interés, videos propios, infografías, etc. Por otro lado los días de la semana de Lunes a Domingo. Se trata de señalar el tipo de contenido que vamos a publicar en cada día. En la parte inferior de la tabla nos indica el número total de Tweets diarios y muestra un recuento automático del número total de Tweets semanales que has planificado publicar. De esta forma tendremos perfectamente ordenados y planificados, los contenidos y la frecuencia de publicación que vamos a hacer semanalmente.

Puedes descargarte esta plantilla accediendo a este enlace: http://goo.gl/blhmyi

También puedes hacerlo a través de este código QR:

55.4 Seguimiento y control

En este último punto tomaremos las medidas de seguimiento y control necesarias para asegurarnos de que nuestro plan se desarrolla según lo programado. Es muy probable que surja alguna clase de imprevisto que afecten a la consecución de los objetivos que nos hemos fijado. No obstante, y en definitiva se trata de reducir al máximo los posibles errores que puedan surgir y de aumentar la capacidad de reacción ante cualquiera de ellos.

Objetivo	Como lo mido
Aumentar un 10% el tráfico a mi página web.	Ver tráfico mediante herramienta de Google Analytics en mi web
Generar 20 leads mensuales.	Cuantas personas / publico objetivo han contactado con mi despacho
Construir mi marca personal como abogado. Aumento de la notoriedad de marca del bufete. Mejorar mi reputación online. Posicionarme como abogado experto en mi especialidad.	VISIBILIDAD, ENGAGEMENT, ALCANCE
Mejorar mi reputación dentro del bufete.	Tipos de comentarios vertidos en la red
Contactar con profesionales destacados del sector jurídico.	Numero de contactos de profesionales destacados realizados de forma positiva
Aumentar mi red de contactos profesionales.	Numero de nuevos contactos obtenidos

La mejor forma de realizar el seguimiento y control de nuestro plan de comunicación en Twitter es utilizar los objetivos que hemos establecido como puntos de referencia. Son los resultados que hemos previsto y al compáralos con los resultados que estamos obteniendo, nos servirán como medida para esclarecer si vamos por buen camino o si por el contrario existen desviaciones significativas que nos hagan tomar cartas en el asunto.

Por tanto, en el caso de encontrar indicios de desviaciones en los resultados que indiquen claramente una tendencia hacia el alejamiento de los objetivos, será necesario emplear acciones correctivas que vuelvan a encauzar nuestro camino hacia la dirección del cumplimiento de los objetivos marcados.

55.4.1 ¿Qué podemos medir en Twitter? Las KPI's de Twitter

Para llevar a cabo esto necesitamos definir cuáles van a ser las métricas de Twitter, y para ello definiremos cuales serán las *Key Performance Indicators*, o KPI

La palabra KPI proviene de **"Key Performance Indicators"**, esto se traduce, ni más ni menos, como los "indicadores claves de desempeño", es decir, aquellas variables, factores, unidades de medida, que consideramos "estratégicas" en nuestra empresa. Y que por ende influyen directamente en el "core business".

Características de una KPI:

Ser medible: en unidades físicas, monetarias...ya sea en euros, en entradas, en latas de Coca-Cola...

Cuantificable: debe poder materializarse. Por ejemplo 50.000 euros, 125.000 unidades de Ipad...

Periódico o temporal: es decir, que pueda ser "seguido" periódicamente, ya sea diariamente, semanalmente, quincenalmente o mensualmente...

Específico: acotarse a un solo aspecto relevante, por ejemplo "ingresos por venta de entradas combinadas en la taquilla física..."

Relevante: debe ser un factor que realmente influya en el modelo de negocio, y que si esa variable da resultados negativos, rápidamente debamos de actuar.

KPI's en Twitter

Podemos decir que para Twitter hay 4 grandes bloques donde vamos a poder "medir":
• VISIBILIDAD
• ENGAGEMENT
• TAMAÑO
• ALCANCE

Y en cada bloque las KPIs que nos ayudaran a medir serán las siguientes:

KPI's de Seguimiento de Objetivos Twitter			
VISIBILIDAD	ENGAGEMENT	TAMAÑO	ALCANCE
Impresiones	Numero de menciones	Numero total de Followers	Con 50 tweets a cuantas cuentas de Twitter puedes alcanzar: puedes verlo con la version free de http://tweetreach.com/
Listas en las que apareces	Replies	Numero de Followers diarios, semanal, mensual	
	RT's (se pueden medir tambien el detalle usando esta herramienta: http://retweet.co.uk/)		
	Favoritos		
	Clicks en el enlace asociado al tweet		

"Lo que no se puede medir no se puede controlar; lo que no se puede controlar no se puede gestionar; lo que no se puede gestionar no se puede mejorar".

55.4.2 Cuadro de mando Kpl's Twitter

Un **Cuadro de Mando** es una herramienta de gestión que permite de forma sencilla medir la evolución de una actividad determinada, como es el caso del Plan de Comunicación de Twitter.

En el ejemplo siguiente te mostramos un cuadro de mando para el seguimiento de tu actividad en Twitter.

	Kpi		Año												Total acumulado
		Enero	Febrero	Marzo	Abril	Mayo	Junio	Julio	Agosto	Septiembre	Octubre	Noviembre	Diciembre		
Tamaño	Numero total de Followers														0
	Numero de Followers mensual														0
Visibilidad	Impresiones														0
	Listas en las que apareces														0
Engagement	Numero de menciones														0
	Replies														0
	RT's (se pueden medir tanto en el perfil/a usando esta herramienta http://twrees.co.es)														0
	Favoritos														0
	Clicks en el enlace asociado al tweet														0
Alcance 50	Con 50 tweets a cuentas de Twitter puedes alcanzar (puedes verlo con la aplicación free de http://tweetreach.com)														0

Como ya hemos comentado, nos gusta llevar la teoría a la práctica. En esta ocasión, hemos creado una plantilla para que trabajes el seguimiento y control de tu plan de comunicación en Twitter. Es una plantilla práctica en la que realizaremos el seguimiento de los KpI´s de los principales objetivos establecidos en Twitter.

En el lateral izquierdo de la plantilla tenemos los KpI´s: número total de followers, número de followers mensual, impresiones, listas en las que apareces, número de menciones, replies, Retweets, favoritos, clicks en enlaces de tu Tweet, alcance de cuentas por cada 50 Tweets.

La tabla está dividida en los 12 meses del año. Los resultados obtenidos de cada KpI en cada mes se tienen que introducir en la tabla. Con un simple vistazo veremos cuál es nuestra evolución y si vamos por el camino adecuado.

Por último, en el lateral derecho la tabla observamos la columna "total acumulado" en ella obtendremos el sumatorio total de los resultados obtenidos hasta el momento.

Con esta plantilla realizarás de una forma cómoda y sencilla, el seguimiento y control de tu plan de comunicación en Twitter para asegurarte que se desarrolla según lo previsto.

Si lo deseas, puedes descargarte esta plantilla accediendo a este enlace: http://goo.gl/LxzIa1

También puedes hacerlo a través de este código QR:

56. Biografía de los autores

Esmeralda Díaz-Aroca

email: mailto:esmeralda@joniaconsulting.com
LinkedIn: http://es.linkedin.com/in/esmeraldadiazaroca
Website: http://www.joniaconsulting.com
Blog: http://www.esmeraldadiazaroca.com

Coordenadas profesionales

• Máster en Dirección Comercial y Marketing por el Instituto de Empresa de Madrid

• Doctora en Ciencias por la UAM.

• Conferenciante Internacional

• **23 años** de expertise en Marketing y Comunicación Comercial, Comunicación Corporativa, Marketing Interno, como Directora de Marketing y Directora de comunicación en empresas multinacionales y nacionales de diversos sectores,

PILKINTONG-BARNES HIND, AEGON, Argentaria (hoy BBVA), CASER y REALE.

• + **8 años** de expertise en Estrategia de Social Media Marketing, Branding Digital, Personal &Profesional Branding y Social Selling

• Escritora, blogger y autora de 6 libros, entre ellos: **"Marketing y Pymes"**, **"Como tener un perfil 10 en LinkedIn"**

• Propietaria y Socia directora de la firma Jonia Consulting S.L especializada en Consultoría de Marketing y Formación in company

• Profesora de postgrado (MBA) en Nebrija Business School

Roberto Espinosa

email: roberto@espinosaconsultores.es
LinkedIn:http://es.linkedin.com/in/roberespinosa
marketingvalencia/
Website: http://www.espinosaconsultores.es
Blog: http://www.robertoespinosa.es

Coordenadas profesionales

● **Experto en marketing y estrategia de negocio**. Ha desarrollado su trayectoria profesional siempre vinculada al mundo del marketing y las ventas, ocupando puestos de responsabilidad en dichas áreas.

• Director de **Espinosa Consultores**, consultora especializada en marketing, estrategia de negocio y ventas.

• Miembro de la junta directiva del Club de Marketing del Mediterráneo y miembro de la junta directiva del Club de Oratoria de la Comunidad Valenciana.

• Participa habitualmente como mentor especializado en marketing, en eventos de aceleración de startups, desarrollo de proyectos emprendedores y creación de nuevas empresas.

• Coautor del libro "**Marketing y Pymes**"

• Colaborador habitual en diferentes revistas y portales digitales de marketing y del mundo empresarial.

• Autor del blog de marketing "*RobertoEspinosa.es*" con más de 46.000 visitas mensuales.

57. Referencias

Creatividad e innovación para emprendedores y Pymes:
http://manuelgross.bligoo.com/

Historia de Twitter:
http://mashable.com/2011/05/05/history-of-twitter/

La guía de Software:
http://onsoftware.softonic.com

Redes Sociales:
http://redessociales.about.com/

Sitio web de computadoras e internet:
http://www.baquia.com

Material de Diseño para twitter:
http://www.colourlovers.com/themeleon/twitter

Noticias y enlaces sobre los medios en la red:
http://www.ecuaderno.com/

Herramientas para negocios on line:
http://www.e-interactive.es

Noticias internacionales:
http://www.guioteca.com

Actualidad en tecnología:
http://www.muycomputerpro.com

Qué es Twitter:
http://www.queestwitter.com

Noticias de actualidad:
http://www.soymanitas.com

Noticias sobre Twitter:
http://www.twittboy.com

Tecnología, internet y software:
http://www.viabinaria.com

Aplicaciones, marketing y noticias en la web:
http://wwwhatsnew.com

La ciencia del Marketing- 22 Leyes inmutables:
http://www.puromarketing.com/44/19478/ciencia-marketing-leyes-inmutables.html

De Twitter al Cielo:
http://www.detwitteralcielo.com/

Fotos para tu perfil de Twitter:
https://www.flickr.com/photos/Twitteroffice/sets/72157643560484885/

Herramientas para seguir los trending topics de Twitter:
http://bitelia.com/2012/06/5-herramientas-para-seguir-los-trending-topics-de-twitter

La mejor hora para Twittear:
http://tunegocioenlanube.net/saber-la-mejor-hora-para-Twittear/

Actualidad Internacional:
http://lavrusik.com/

Encontrar usuarios en Twitter:
http://www.gadgetos.com/tutoriales/como-encontrar-usuarios-twitter-biografia-localizacion/

Usos interesantes y significativos de Twitter:
https://blog.twitter.com/media

Cómo conseguir Tweets orgánicos:
https://blog.twitter.com/2014/introducing-organic-tweet-analytics

Notarios y Registradores:
www.notariosyregistradores.com